吉田松陰190歳

一坂太郎

青志社

吉田松陰190歳

一坂太郎

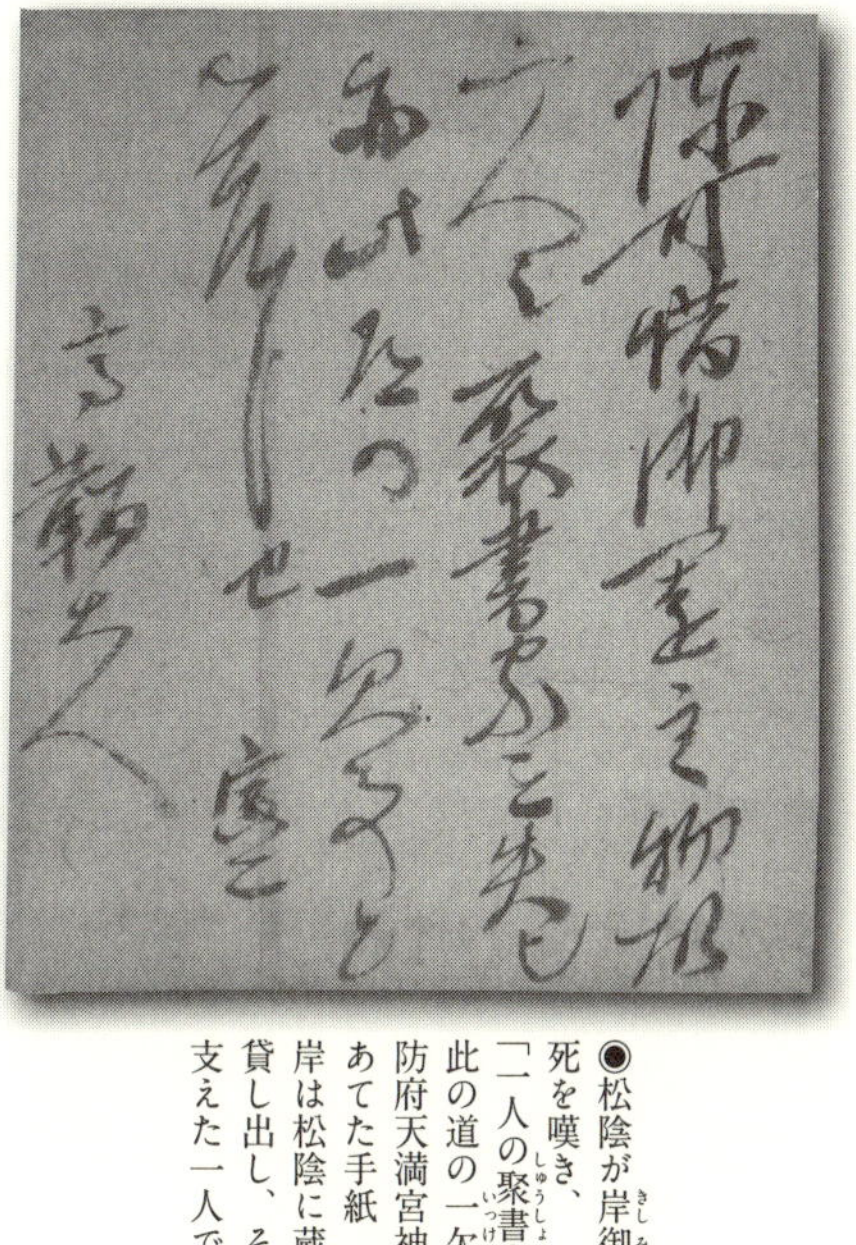

◉松陰が岸御園《きしみその》の死を嘆き、「一人の聚書家《しゅうしょか》を失い、此の道の一欠事《いっけつじ》」と、防府天満宮神官鈴木高鞆《たかとも》にあてた手紙（著者蔵）。岸は松陰に蔵書を貸し出し、その学問を支えた一人であった。

プロローグ　松陰は死なない

吉田松陰は、いまなお死んでいない。

その肉体が存在したのは天保元年（一八三〇）八月四日から安政六年（一八五九）十月二十七日までの、わずか二十九年ほどだった。

松陰の死生観に、強烈な影響を与えた歴史上の人物は、楠木正成《くすのきまさしげ》（大楠公《だいなんこう》）だ。正成は後醍醐天皇に仕え、鎌倉幕府打倒に活躍したが、湊川合戦で足利尊氏《たかうじ》に敗れ、建武三年（一三三六）五月二十五日、「七生滅賊《しちしょうめつぞく》」を誓って自刃した。松陰は数回、湊川の正成墓所に参り、感涙にむせんでいる。

流れる涙の意味を考えた松陰は、人間というものはたとえ肉体が滅んでも、崇高な志は残るのだと悟った。自分もまた、正成のようになりたいと願うようになる。

国内では幕藩体制の矛盾が吹き出し、西洋列強の外圧が迫った幕末という時代の中で、松陰は「尊王攘夷」により日本の国体（独立）を護《まも》るとの志を立てた。そのため、捨て身になってアメリカ密航や幕府老中暗殺を企んだが、いずれも失敗に終わり、ついには「安政の大獄」に連座して処刑されてしまう。

　成否を度外視して奮闘する者に対し、人は自然と敬意を抱く。だから松陰の門下生たちは師の志を受け継ごうと、懸命になった。松陰は「教化」だけではなく、みずからの生きざまを見せることで、門下生たちを「感化」してしまったのだ。それが、「明治維新」のひとつのエネルギーになったことは言うまでもない。

　その志の継承は明治、大正、昭和、平成と続いたし、これからも続くであろう。もっとも、ブランド化された「吉田松陰」を特定の政治勢力のために利用しようとする動きも、後を断たない。幕末から明治にかけては尊王攘夷、戦時中は愛国心教育、殉国教育、大陸・南方進出、戦後は民主主義教育、工学教育などの先覚者として祭り上げられ、その評価は二転三転した。いつの時代でも忘れ去られなかったのは、それだけの魅力がある証左でもある。

　だから、松陰は死んでいない。これからも死ぬことは無いだろう。来る二〇二〇年は、松陰が萩で産声を挙げてから一九〇年の佳節にあたる。死なない松陰は、近く一九〇歳の誕生日を迎えることになる。

　こうした人物は日本史上でも、極めて希有な存在ではないか。そこで本書では、松陰一九〇年の軌跡を辿ってみたいと思う。全八章のうち、前半四章は松陰の肉体が生きていた二十九年間の伝記で、私がこれまで著して来た松陰関係書のダイジェスト的なものである。後半四章は肉体が失われた後、松陰がどのような形で生き続けたのかを追ってみた。「吉田松陰」を知り、考える一助になれば幸いである。

なお、引用した史料は読み易くするため現代表記にあらためるなど、手を加えた部分もある。改元が行われた年は、原則として元旦から新しい元号で表記した。松陰の遺文は原則として山口県教育会編『吉田松陰全集』全十二冊（昭和十三～十五年。いわゆる普及版）から引用している。

吉田松陰190歳　目次

第五章　松陰の復権

第六章　明治時代を生きた松陰

装丁——岩瀬　聡

第一章 松陰が生まれ育った環境

松陰の育った環境

吉田松陰は純粋な心の持ち主だったとよく言われる。もっとも、純粋であればある程、己《おのれ》の価値観が絶対的になり、視野は狭くなって、言動は暴力的になってゆく。松陰もまた、その純粋さのために数え年三十の生命を、江戸の処刑場で散らさなければならなかった。

江戸時代の終わり、本州最西端の武家社会の中で、松陰のような人物がなぜ生まれて来たのだろうか。それを考えるため、まずは松陰が育った家庭環境を見ておく必要があるだろう。

松陰の生家は吉田家ではない。杉という長州藩主毛利家（三十六万九千石）に仕える中級藩士の家に、天保元年（一八三〇）八月四日に生まれた。通称は虎之助、大次郎、松次郎、寅次郎などと変わった。諱《いみな》は矩方《のりかた》、字《あざな》は子義《しぎ》または義卿《ぎけい》と称した。

父は百合之助《ゆりのすけ》、母はその妻滝で、松陰は次男だった。

百合之助は大変な堅物《かたぶつ》で、あつい向学心の持ち主だった。団欒《だんらん》する子供たちに向かい、無

◉松陰誕生地から見る指月山《しづきやま》。松陰の兄の孫で、大阪実業界で活躍した杉道助が描いた(著者蔵)

駄口を叩くなら本を読めと戒めるような父親である。

　もっとも学問好き、本好きの家風は百合之助の父である七兵衛の代から受け継がれたものらしい。七兵衛は江戸勤務が長かったが、書籍を子供への土産にするような人だった。そして、家じゅう書籍で溢れかえっていたと伝えられる。

　長州藩における杉家の家格は、無給通《むきゅうどおり》である。藩主一門、永代家老、寄組《よりぐみ》、大組《おおぐみ》(馬廻り・八組)につぐこの階級は、文字どおり給領地は持たず、禄は扶持方九人高六十石以下だった。場合によっては大組に昇格し、藩政に直接関わる可能性もある。よく、松陰が下級武士の生まれとする記述を見かけるが、これは正しくない。

　父百合之助の家禄は二十六石。しかし、租税として四割を納めねばならず、御馳走米などの名義で寄付を命じられることもある。このため実収は、公称の半分以下だった。

　その上、杉家は役職に就いていない「無役」の時期が長かったようで、そうなると職務手当が貰えない。藩から支給される扶持だけでは生活が苦しかったので、田畑を耕し、自給自足に近い「半士半農」と呼ばれる質素な生活を送らざるを得なかった（こうした生活が「下級武士」出身というイメージを生んだのかも知れない）。

城勤めの必要が無かったからか、杉家は萩の三角州の外、松本村の護国山（東光寺山）南麓、団子岩と呼ばれる地に住んでいた。日本海に面した三角州上に築かれた城下町や、麓に城がある指月山が一望に見渡せる景勝地である。家屋の間取りは六畳二間、三畳三間と台所、それに納屋があった。

百合之助は農作業に出掛けるさい、松陰とその兄梅太郎を伴うことが多かった。そして野良仕事に汗を流しながら、父は息子たちに四書五経を始めとする初歩的な学問を教えるのである。あるいは夜は米を搗《つ》きながら、本を読んだという。

なお、百合之助は天保十四年九月、百人中間頭《ちゅうげんかしら》兼盗賊改方という、萩の警察署長のような職を得た。松陰が十四の年であった。これで杉家に役料が入るようになり、さらに兄の梅太郎も藩に出仕したから、生活も安定したようである。二十代の松陰が各地に遊学し、見聞を広めることが出来たのも、父や兄の経済的バックアップによるところが大きい。

二人の叔父

杉百合之助の弟二人は、松陰が生まれたころ、他家を継いでいたものの、まだ団子岩の杉家に同居していたようである。やがて、それぞれの養子先へと巣立っていった。

上の弟は吉田他三郎矩達の跡を継ぎ「吉田大助賢良」となった。

下の弟は玉木家六代目の十右衛門正路の跡を継ぎ、「玉木文之進正韞」となった。

いずれも、無給通の杉家よりも階級が上の大組である。大組は馬廻り、あるいは八組とも呼ばれ、禄高は一千六百石から四十石。この中から選ばれた者が藩政の実務を担当し、あるいは藩主の側近も務める。学問と運があれば、封建制度の壁はある程度乗り越えることが出来ることを、松陰はふたりの叔父から教えられたはずだ。

そして次男である松陰の人生の道筋も、わりと早く決まった。

天保五年、五歳の時のこと。

子供が無かった叔父吉田大助の、病中仮養子になった。そのころ大助の病が重くなり、死期が近づいたため、急きょ跡継ぎが必要になったのだろう。

翌六年四月三日、大助は二十九歳の若さで病没した。そして同年六月二十日、六歳の松陰が吉田家の家督（家禄五十七石六斗）を正式に継ぐ。そのさい養父大助にちなみ、幼名を「大次郎」とした。

吉田家は代々、長州藩で山鹿流兵学師範を務めて来た。山鹿流兵学は戦国時代、武田信玄の軍師として知られた山本勘助が編み出したとの伝説を持つ甲州流兵学とされる。ただし山鹿流は、甲州流の単純な継承ではない。山鹿素行《そこう》がこれを発展させ、武教としたものである。

この教えの基本は、武士であることに対する徹底したエリート意識だ。

武士とは天から選ばれた者のみに与えられる身分だと、教えられた。そして農工商の三民は「皆己が欲しいままにしてその節《せつ》を知らず、盗賊・争論やむことなく、その気質のままにして人倫の大礼を失する」ので、武士が支配して、指導してやらねばならぬと説いている（『山鹿語類・一』明治四十三年）。いわゆる愚民論であり、これは当時の武士たちが皆、幼少のころから植え付けられた意識だった。松陰もまた例外ではない。だから松陰は基本的に、封建的な身分制度は社会秩序を維持するために必要なもので、疑問視することはない。この点、現代的な平等思想の持ち主ではなかった。

大助没後、松陰は生家である杉家に帰り、他の兄弟とともに実の両親に育てられた。杉家の中に、ひとり吉田姓の子供がいるという格好である。

遊ばない子供

吉田松陰には杉家に両親を同じくする一人の兄と四人の妹と一人の弟（敏三郎《としさぶろう》）がいた。三番目の妹である艶は三歳で夭逝《ようせつ》したが、他の妹（千《ち》代《よ》・寿《ひさ》・文《ふみ》）は無事成人し、それぞれ他家に嫁いでいる。

一番年長の妹である千代は松陰より二つ年少で、児玉家に嫁ぎ、のち芳子と改名して大正十三年（一九二四）二月一日、九十三歳まで生きたが、晩年雑誌などに回顧談を発表した。

その中で、千代は幼少期の松陰の印象を、「ごく幼《ちい》さい時分から、落ちついた人でした」

とし、次のように語っている。

「五つ六つの時分から手習いや、書物を読むのが好きで、他家の子供達が大勢でいろいろな遊びをしていても、振り向きもせず、ジッと書物を読んでいるという風であったそうでございます」

松陰には、一人の兄がいた。杉梅太郎（民治《みんじ》）である。かれもまた明治四十三年（一九一〇）、八十三歳まで長生きしたが、幼少期の松陰につき、次のような思い出を語り残している。

「ある年の元旦に私が、

『弟よ、きょうは一年中の一番めでたい元日だから、一日だけ学問を休もうではないか』

と言うと、松陰はニッコリ打笑《うちえ》みて、

『兄上の御言葉は誠に有難うございます。しかし今日という日は今日かぎり消えて行く。この貴重な『今日』を無駄に費されませぬ』

と言うて、読書三昧に入った」（平野岑一《しんいち》『長州の天下』）

このため母親などは、「寅次郎（松陰）は何処に一点小言のいいどころもない、実に手のかからぬ子だ」と、喜んでいたと千代は言う。

他の子供とは一緒に遊ばない、運動もしない、元旦ですら、ただ黙々と読書しているような子供だった。大人たちの期待に背《そむ》くまいとし、子供らしさを自ら封印してしまったのだろう。松陰の親にすれば、そのような子供こそが「良い子」だったのである。

歪な教育

「非常に親おもひで、優しい気質でございましたから、父や母に心配をさせまい、気を揉ませまいと、始終それを心がけて居たやうでございます」

これも、妹の千代が語る幼少期の松陰の姿である。一日も早く一人前の山鹿流兵学者になるため、目一杯気を張り詰めて生きていたことがうかがえる。

そのころ松陰は現代から見ると特異で、歪《いびつ》とも思える教育を受けていた。

藩校明倫館に、松陰が生徒として通った形跡は無い。それ以前の寺子屋や手習い所などにも、通ったことは無い。つねに父の百合之助や叔父の玉木文之進から、直接教えを受けていた。将来兵学者になるための英才教育だから、他の子供たちと机を並べ、同じペースで学んでいては、とても間に合わないのだ。

言うまでもないが寺子屋に通う目的は、単なる読み書きを教わるだけではない。同年代の

◉松陰が学んだ玉木文之進旧宅（山口県萩市）

子供たちが集団生活を営み、コミュニケーションを学び、友情を深め合うのである。

たとえば、のちに松陰門下の「双《そう》璧《へき》」「竜虎《りゅうこ》」と称された高杉晋作《たかすぎしんさく》と久《く》坂玄瑞《さかげんずい》が出会ったのは幼少期で、場所は萩城下の吉松淳蔵が主宰する寺子屋であった。

そうした機会を、松陰は大人たちから寄ってたかって奪われてしまった。学友がいない環境だから、成人してから松陰には幼なじみと呼べるような友が、ほとんどいなかった。

頭でっかちに育ってしまったのは、ひたすら純粋培養されるという、特異な教育環境からであろう。

玉木文之進の鉄拳制裁

幼少期の松陰は、周囲を大人たちに取り囲まれて、専門知識をたたき込まれるという英才教育を受けた。

大人たちのひとりに、叔父の玉木文之進がいる。

文之進は特に、専門分野である山鹿流兵学の教授を担当した。山鹿流兵学の師は他に渡辺六兵衛・林真人（百非《ひゃくひ》）・山田宇右衛門・石津平七などがいた。そして他流ではあるが長沼流の山田亦介《またすけ》などもいたのだが、ともかく文之進の指導方法は強烈だった。

百合之助の六歳年下の弟である文之進は、朱子学を重んじ、西洋の学問・技術を好まないという、学問的には保守的な人だったとされる。兵学は石津新右衛門に就き、山鹿流兵学を修め、最高位である三重伝を得ていた。

このため幼い松陰の代理として、藩校明倫館で山鹿流兵学の教授を務めることもあった。松陰には、つねに実戦を想定しながら兵書を読ませた。

文之進は、自らを律するのに厳格な人である。それだけに、教え方も時に常軌を逸していた。学問中に子供が首を傾けたり、わき見でもしようものなら、本を奪い取り、窓からほうり出したという乱暴な逸話も伝わっている。

松陰に対しても「三尺の童子に対するものとは思はれざること屡々《しばしば》なりしと」と、千代が回顧している。これを見た母滝などは、

「早く座を立ち退《の》かば、かかる憂目《うきめ》に遇《あ》わざるものを、何故寅次郎は躊躇《ちゅうちょ》するにや」

と、嘆いていたそうだ。

こんなエピソードがある。

いつものとおり文之進が野良仕事を行いながら幼児だった松陰に書物を教授し、暗誦させていた時のこと。松陰の額に一匹の蚊が止まった。松陰は片手で虫を追い払う。

すると文之進は、

「学問に励むことは他日《たじつ》、立派な武士、しかも兵学師範である吉田家の後を継ぎ、藩に奉仕する力を養成する公事である。然るに蚊一匹に気を取られてよそ見をするとは一体何か」

と激しく怒り、松陰の頭上に鉄拳制裁を加え始めた。このため松陰は脳震盪《のうしんとう》を起こし、しばらく失神していたという（木俣秋水『吉田松陰をめぐる女性たち』昭和五十五年）。

文之進に言わせれば、学問は「公務」であり、蚊を払いのけることは「私事」なのだ。公私混同というより、「私心」を持ったというのが、制裁の理由なのである。

兵学師範となる

こうしたエリート教育を受けた松陰は、当然ながら早熟な子供に育ってしまった。

天保九年一月、数えで九歳になった松陰は裃《かみしも》を着けて、藩校明倫館に出掛けた。生徒としてではない。家学である山鹿流兵学の「教授見習」として、出仕したのだった。早くも「教える」側に立ったわけだが、当然ながら講義は主に玉木文之進ら代理教授が行った。翌十年十一月からは、代理教授は家学後見人となり、松陰は「教授」の肩書を得た。

その年四月、長州藩では十九歳の毛利慶親《もうりよしちか》（のち敬親《たかちか》）が父毛利斉広《なりひろ》の後を継ぎ、十三代目の長州藩主となった。

天保十一年、慶親は江戸より初めて萩にお国入りしたが、そのさい、学業優秀な藩士の子弟が集められ、進講することになった。

十一歳の松陰もまた、萩城対面の間において、山鹿流兵学の伝書『武教全書』（山鹿素行著）の戦法篇三戦の節を進講する。後見人の玉木文之進らが草稿を用意したのだろうが、松陰少年はそれを理解し、見事な講義を行ったという。

これを聴いた慶親は、左右の者に誰が松陰を指導しているのか問うと、「玉木文之進なり」との答が返ってきたという。

これが慶親と松陰の出会いである。利発な少年である松陰は、慶親が最も好むタイプだった。

松陰に着目した慶親は、以後しばしば君前に呼び寄せて、講義をさせている。松陰の講義は、聴く者をあたかも戦場に立っている気分にさせるほど、臨場感あふれるものだったという。弘化二年（一八四五）一月には、慶親みずから松陰の兵学門下となっている。

松陰が後見人無しの独立した教授になったのは嘉永元年（一八四八）、十九歳の時である。

藩校明倫館

肥後藩士横井小楠《しょうなん》は嘉永四年に著した『学校問答書』で、学校から人材は輩出されないと、痛烈に批判する。そして学問と政治が直結することが重要であると、強く主張した。

藩校が、閉鎖的な学者の養成所であってはならない。学問にすぐれた者は、ただちに為政《いせい》者としても役立つ者でなければならない。すなわち、「学政一致」である。

そして、全国で二百以上存在する藩校の中で、小楠が「西日本一」と絶賛したのが、長州の藩校明倫館だった。

長州藩校明倫館は五代藩主毛利吉元《よしもと》が享保四年（一七一九）、萩城三ノ丸（堀内）に創建した。全国で十二番目という、わりと早い時期に設けられた藩校である。松陰が初めて講義を行ったのも、この明倫館であった。

文武を奨励した藩主毛利慶親は人材育成、人材登用に熱心だった。そこで「天保の改革」を進める村田清風の意見を重視して嘉永二年、萩城下の中央に位置する江向の一万四千坪もの土地を埋め立て、ここに明倫館を拡大移転した。

新しい明倫館は、幕末という世相を反映していた。練兵場や大砲演習場が新設され、武術の習練にも力が注がれる。西洋の知識や技術も、採用された。初等教育も重視され、八歳から十四歳は小学生、十五歳から二十四歳までは大学生と呼ばれた。

明倫館で教えていた松陰もまた、文武は一体であるから切り離してはいけないと建白している。

ただ、勘違いされ易いのだが、藩校教育とは現代の学校教育とは、別物である。藩校が充実していたからと言って、現代的な教育熱が盛んだったとは一概には言えない。

明治五年の学制公布以降の近代教育は教養を身につけ、自らを高めることを目的とする。だから明治日本は国民皆学を目指した。

一方、江戸時代の藩校とは一口に言えば官僚、政治家の養成所であり、いかにして国を治《おさ》めるのか、愚民を統治するかという、「治者《ちしゃ》」としての心得を儒教のテキストを使って学ぶ場所である。

だから、「学政一致」が重要なのであり、武士階級の中でも将来、治者の立場となる可能性がある者の子弟が藩

◉明倫館跡に建つ松陰「講学の跡」碑（山口県萩市）

校に通うというのが原則だった。足軽、中間などといった下級武士の子弟はそのような機会が無いから、普通は藩校には通わないし、通えない。寺子屋などで、もっと実践的な学問を身につけるのである。

皇室を敬う

明治日本が天皇を頂点に戴き、「一君万民」をスローガンに掲げる国家となったのは、薩摩藩とともに政権の中枢を占めた、長州藩の影響によるところが大きい。一地方の大名であった長州藩主毛利家の天皇観を、全国的に拡大したとも言える。

毛利家の遠い先祖は、平安時代はじめの平城《へいぜい》天皇の皇子である阿保《あぼ》親王とされた。親王の御落胤《ごらくいん》が宮中に学者として仕えた、大江音人《おとんど》である。音人の末裔が大江広元《おおえのひろもと》で、元暦元年（一一八四）、源頼朝に招かれて鎌倉に下向し、幕府の枢機に参画した。こうして大江家は武家になった。

広元の四男の季光《すえみつ》は、相模国毛利荘（現在の神奈川県厚木市）を領したことから「毛利」を名乗ったが、次の代（異説あり）に安芸国に地頭《じとう》として移ってゆく。

こうして毛利家は中国山地の奥深くの郡山城を拠点に守護大名として生き続けるが、戦国の風雲に乗じた毛利元就《もとなり》が大内や尼子を制し、近隣諸国を切り従えて、ついに中国地方の覇者となった。

ところが慶長五年（一六〇〇）九月、西軍の大将としてかつぎ出された毛利輝元（元就の孫）は、関が原合戦で徳川家康率いる東軍に敗れてしまう。

敗者となった毛利は本拠地の安芸広島を追われ、八カ国の領地を大幅に縮小されて周防・長門の二カ国（現在の山口県がそのまま当てはまる）三十六万九千石に封じ込められてしまった。城も交通の便が良くない、情報も入りにくい山陰の萩に築くことになる。他に瀬戸内に面した周防防府などという案もあった。だが、家康に忖度《そんたく》した結果、萩になった。

これが、長州藩のスタートである。

毛利家の精神的な拠り所は、皇室だった。毛利元就が永禄三年（一五六〇）に正親町《おうぎまち》天皇の即位費用二千四百五十九貫四百文を献金したことは、後世まで毛利家「勤王」の象徴的な逸話として語り継がれる。

江戸時代になっても毛利家は他の大名とは違い、京都に大規模な屋敷を持つことが許されていた。あるいは、武家伝奏を介さず、公家の勧修寺家を通じて天皇と連絡が取れるという特別扱いだった。

毛利の家紋の一文字三星（一に三ツ星）も、阿保親王の階位「一品《いっぽん》」をデザイン化したとの説がある。

現在の兵庫県芦屋市にある阿保親王の廟所「親王塚」を毛利家は元禄四年（一六九一）に修復したり、石灯籠を寄進したりした。あるいは参勤交代のさい、藩主の駕籠は芦屋の親王寺（阿保親王邸跡という）で休息し、その間に使者が親王塚に参詣するのが、ならわしになっていた。このようにして毛利家は、皇室との繋がりを、何かにつけて藩内外にアピールし続けていた。

だから長州藩では、皇室は主家に繋がる存在と考える者が多かった。幕末になると「勤王」「尊王」を唱える「志士」が量産されたのも、そこに一因がある。

そして松陰の父百合之助も、熱心な皇室の崇敬者だった。

のち、「安政の大獄」に連座し、江戸へ送られることになった松陰は、父に決別の詩「家大人に別れ奉る」を送っている。その中で松陰は幼少のころから、父より受けた教育を思い出し、感謝の念を込めて次のように詠む。

「平素趨《すう》庭訓誨《かい》に違《たが》う
此の行《こう》独り厳君を慰むるを識《し》る
耳には存《ぞん》す文政十年の詔《みことのり》
口には熟す秋洲《しゅうしゅう》一首の文」

この詩の中で松陰の耳底に残るという「文政十年（一八二七）の詔」とは、仁孝《にんこう》天皇が十二代将軍徳川家斉《いえなり》を太政大臣に任じ、世子《せいし》家慶《いえよし》を従一位に叙したさい与えた勅語のことだ。

◉吉田松陰肖像画（著者蔵）

それまでの将軍は内大臣か右大臣止まりだったから、破格の優遇である。ところが将軍家斉は京都に使者を送り、礼を述べさせたに過ぎなかった。

当時二十四歳だった百合之助はこれを知るや、皇室の衰えと幕府の増長を嘆いた。そして後に詔を書き写して息子たちに示し、あるいは野良仕事の合間に朗唱させて、皇室のために尽くすよう教えた。

また、「秋洲一首の文」とは、玉田永教という当時の京都賀茂神社神官が著した『神国由来』のことである。「恭《うやうやしく》以《おもんみれ》ば大日本は神の国なり」で始まるこの書を父は愛読し、やはり息子たちにも読ませた。

さらに、山鹿流を開いた山鹿素行は、

「聖人」に必要な「徳」は「知・仁・勇」だとする。そしてその点において日本人は他のどの国の人よりも優れているとし、精神のより所を皇室としていた。

こうした環境の中で松陰は、皇室を核とする日本国の形、「国体《こくたい》」を自然と理解し、それが絶対的なものだと信じるようになる。だから国体を変えようとする者に対しては、激しい攻撃を加え、排除しようとする。これが松陰の唱えた「尊王攘夷」だった。

やがて松陰の目には、西洋列強も幕府も、国体を危うくする「敵」として映るようになってゆく。

世界地誌を広げて

三角州の上に築かれた萩の町は一方が日本海に開かれ、三方が山に囲まれている。藩の長老的存在だった村田清風は、「四峠《しとうげ》の論《ろん》」を唱えたと伝えられる。萩の周囲にある四つの峠のうちのひとつでも越え、広く外の形勢をつかみ、志を求めなければ、人材になれないというのだ。

早熟な少年だった松陰は、藩主の覚えめでたく、萩ではなにかと賛えられたし、持てはやされた。

ところが二十歳になっても、「外」の世界をじっさいに知らないままの、頭でっかちの秀才であった。

狭い世界で高い評価を受けて満足するような人間は安定を優先し、やがて日和見主義、妥協主義に陥ってしまう。それまで松陰が萩から「外」へ出たといえば、近くの湯田温泉（現在の山口市）に遊びに行ったことが年譜に残っているくらいだ。特に松陰が専門とする兵学は、机上の空論では十分理解出来ない。多くの土地を視察することを必要とする。

そのころ松陰は、兵学師範のひとり山田宇右衛門から、江戸土産として『坤與図識《こんよずしき》』を贈られた。

『坤與図識』とは地理学者の箕作省吾《みつくりしょうご》（津山藩儒者箕作阮甫《げんぽ》の養子）が弘化二年、数種のオランダ地理書を基に編んだ世界地誌である。

そのような世界地誌を広げていると、自分の安座している世界がどれほどちっぽけなものか、松陰ならすぐに理解出来たはずである。このままでは井の中の蛙になるとの焦りを、募らせてゆく。

萩の外へ出る

時代が松陰という若き兵学者にまず与えたのは、いかにしてこの日本の国体を、西洋列強の侵略から護るかといった課題だった。そのため松陰は、海防の研究に没頭する。

嘉永二年三月、松陰は海防にかんして『水陸戦略』と題した意見書を書き上げ、藩に提出した。

松陰はまず、アジアが西洋列強勢力に囲まれているにもかかわらず、日本の幕府や世人たちは武備を怠っていると嘆く。そこで三方を海に囲まれた長州藩においては、外国に対する防備を怠ってはならないとし、洋式・和式の兵制からその長短を研究して採用せよと訴える。また、何よりも国防の根本は仁政《じんせい》であり、次に士気振作という順序を忘れてはならないとも述べている点は、注目に値する。

仁とは慈しみだ。要するに弱者を大切にする政治を行うことが、国防の第一なのである。仁政が行われている国であれば、そこに住む人々は自然と国を護ろうとする。

この部分は重要で、護りたくなるような国を、先に政治がつくらなければならないと、松陰は主張した。

子供のころから愛国心を強要し、学校教育の中に取り入れようなどと言う現代の政治家とは、根本的に違う。

同じ年の六月下旬より七月二十三日まで前後二回にわたり、松陰は道家竜左衛門ら数名と共に日本海沿岸の防備を視察して歩いた。

その範囲は長門・石見の国境から、本州最西端に位置する商業都市の赤間関（下関・馬関）までである。この視察旅行は兵学者として藩から命ぜられた公務だったが、松陰にとっては初めて見る「外」の世界だった。

この道中にかんしては、七月四日からの『廻浦紀略《かいほきりゃく》』と題した松陰の旅日記が残っている。

そこには各地の地形や戸数、距離などが詳細に記録され、

「外海に面する部は、軽便の砲十門ばかりを備え、臨機の守禦《しゅぎょ》をなすべくし、兵士五六人を戍《しゅっ》し、民丁をして鉄砲に熟せしめば可ならん」（七月十三日）

といった具合に、防御策がメモされていたりする。それまでは机上で兵学を論じて来たから、見るもの聞くもの、驚きの連続だったことだろう。

九州へ旅立つ

公務とはいえ、一度「外」の世界を見た松陰は、再び旅人になりたいという衝動を抑えることが出来なくなった。

次なる行き先として選んだのは九州北部である。同じ山鹿流兵学者で平戸藩士の葉山左内に就いて学びたいと長州藩に願い出て、許可されている。

こうして二十一歳の松陰は嘉永三年八月二十五日、萩を発った。松陰は旅日記『西遊日記』を残しているが、その巻頭には旅の意義を次のように記している。

「心はもと活《い》きたり、活きたるものには必ず機あり、機なるものは触に従い発し、感に遇ひ

て動く。発動の機は周遊の益なり」

心は活きている。その心を突き動かしてくれるもの、すなわち外からの刺激を見つけるのが旅なのだと言う。まだ、「外」の世界を知らないくせに、ちょっと背伸びしているようで微笑ましい。

関門海峡を渡り、小倉、飯塚、佐賀などを経て長崎に着いたのは、九月五日だった。長崎新町の長州藩屋敷を拠点とし、翌日から精力的に異国情緒あふれる町を歩きまわっている。砲術修行に来ていた長州藩士の郡司覚之進《ぐんじかくのしん》や砲術家高島秋帆《しゅうはん》の子高島浅五郎、平戸藩砲術師範の豊島権平などとも会う。小船を雇い、港に停泊する蘭船・唐船のあたりを乗り廻ってみる。館内町の唐館や出島のオランダ館を見学する。

松陰にとっては初めて触れる、西洋文明だった。

いわゆる鎖国政策を二百年以上続ける当時の日本において、唯一国交を結んでいた西洋の国がオランダだった。ただし貿易地は、出島という扇形の小さな埋立地に限られている。

同月十一日には、オランダ船を見学させてもらうという貴重な体験もした。「上層・第二層を見る。上層に砲六門あり、二層には銅箱等多く積む」と、兵学者の視点で観察している。

船の中でオランダ人が、洋酒と餅菓子で松陰をもてなしてくれた。船内見学の便宜をはかってくれた長崎町人の福田耕作宅を訪ねて礼を述べると、ここではパンをご馳走してくれた。

このようにして長崎には、十一日午後まで滞在した。

海外情報を集める

それから松陰は、旅の主目的地である平戸（現在の長崎県平戸市）を目指す。九月十三日に佐世保浦から江向まで行き、宿屋が無いので庄屋宅に泊めてもらった。十四日、日野浦から船に乗って平戸の港へ入ってゆく。船上から琉球船が十四、五艘見えたという。

平戸は古くから松浦家（外様）の城下だ。寛永十八年（一六四一）に長崎へ移るまでは、オランダ商館が置かれた地でもある。また平戸藩は、幕府から長崎警備の軍役を課せられていた。このため長崎から入って来る、海外の風説が集まり易かった。

松陰は平戸の藩主松浦家や山鹿流兵学の宗家《そうけ》などに、萩焼の茶碗を土産として持参している。

平戸に着いた松陰は、まず葉山左内《はやまさない》の家を訪れた。六十過ぎの葉山は気さくに接してくれたようで、空腹の松陰に麦飯を馳走し、宿屋も紹介してくれた。

五百石どりの平戸藩士である葉山は、社寺奉行などを務める一方、佐藤一斎門下の陽明学者で、山鹿流兵学者でもあった。ただし公務多忙のため、原則として門下生はとらない方針だった。葉山の親切に感激した松陰は、「敦篤《とんとく》謙遜の君子」と評している。

●松陰が平戸藩主松浦熙《ひろむ》（観中）へ献上したと伝えられる茶碗と箱書（個人蔵）

次に松陰は、西日本における山鹿流宗家である山鹿万介《ばんすけ》の積徳堂に出かけ、入門した。山鹿家は平戸藩に招かれ、家老格の地位を与えられていた。当時、山鹿家は江戸・平戸の東西にそれぞれ宗家があった。当主の万介は三十歳を過ぎたばかりで、特に松陰とは深く付き合った形跡は無い。

松陰は葉山のもとに通い、まず、陽明学の『伝習録』や佐藤一斎の著作などを借りて読んだ。つづいて葉山が所蔵する、海外の風説にかんする書籍を読み進めた。

清朝中国がアヘン戦争でイギリスに敗れ、南京《なんきん》条約を結ばされて上海など五港を開かされたのは、八年前のことである。各地に領事館を築いたイギリスは、中国から貿易の主導権も奪い、香港を割譲させて支配していた。これにアメリカやフランスも続く。

松陰はアヘン戦争のことを記した『阿芙容彙聞《あふよういぶん》』七冊を熱心に読み、抄録《しょうろく》している。あるいは日本の海防論数十編を集めた『近時海国必読書』十七冊、西洋砲術書の『百幾撤私《ペキサンス》』五冊、水戸藩の会沢正志斎《せいしさい》の国体時務論である『新論』二冊なども読んだ。

このように平戸滞在中に松陰は、八十冊ほどを約五十日かけて読書した。ここから世界の情勢をおぼろげながら見た松陰は、やがて日本に迫り来るであろう西洋列強の外圧に対し、強い危機感を抱く。

その危機感が、松陰を突き動かしてゆく。

耳と目を使って、広く情報を収集する「飛耳《ひじ》長目《ちょうもく》」は、松陰が好んで使った言葉である。

正確な情報を集め、それに基づき行動を起こすことが大切だと、後年門下生たちにも説いているが、それは実体験にもとづくものであった。

年内に帰宅

松陰は十一月六日、平戸を発ち、再び長崎を訪れ、二十日あまり滞在した。それから島原に渡り、史跡など巡って、十二月九日、熊本に入る。

熊本で松陰は、熊本藩士の宮部鼎蔵《みやべていぞう》と出会い、意気投合して夜を徹して議論した。松陰より十歳年長の宮部もまた山鹿流兵学者で、激しいまでの尊王攘夷論者であった。のち、脱藩して元治元年（一八六四）六月、京都で起こった「池田屋事件」で闘死することになる。

十二月十三日、熊本を発った松陰は豊前街道を進み、山鹿、柳川、佐賀、久留米、飯塚、木屋瀬、黒崎、小倉などを経て関門海峡を渡り、下関に至った。途中柳川では無理が祟ったのか、数日臥せることになる。

強行軍のすえ萩の杉家に帰り着いたのは、十二月の大晦日（この年は二十九日）の夜だった。そこまで無理をしたのは、新しい年を家族と一緒に迎えたかったからである。このころ杉家は、松本村の清水口に借家住まいをしていた。

第二章 国体と密航未遂事件

江戸へ旅立つ

松陰は九州遊歴で、外圧の問題をなまなましく痛感した。そこで、次は江戸への遊学を望むようになった。

当時の江戸は、日本の政治・文化、そして大坂と並ぶ経済の中心地である。幕末のころは二千七百七十余町を数え、全市の六割が武家地、寺社地と町地が各二割を占めていた。人口も百万以上を有する、世界最大級の大都市である。

松陰の希望を受け入れた長州藩は嘉永四年（一八五一）一月二十八日、軍学稽古のために江戸へ上るよう命じた。人材育成に熱心な藩は文武あわせて十七名の官費留学生を選んだのだが、松陰もその中の一人だった。

この年の三月には藩主の参勤が予定されており、松陰はその列に加わることになる。

藩の長老で海防問題に熱心に取り組んで来た村田清風は、最新技術の西洋砲術を知らずに兵を論じてはならない、孫子《そんし》・呉子《ごし》という東洋の古典を読まずに西洋砲術を語ってはならないと戒め、松陰を送り出してくれた。

こうして松陰は藩主の行列よりわずかに先行して三月五日早朝、萩を発った。中国山脈を縦断する萩往還を通り、まず、山陽道の小郡《おごおり》（現在の山口市）へ出て、そこから東へ向かう。

楠木正成の墓に参る

嘉永四年三月十八日、松陰は摂津《せっつ》湊川《みなとがわ》（現在の兵庫県神戸市）に近い、楠木正成《くすのきまさしげ》墓所に参り、感激のあまり涙を流している。

後醍醐天皇に忠節を尽くし、鎌倉幕府打倒に功があった楠木正成は、松陰の死生観に強烈な影響を与えた、精神的支柱であった。この時も、

「嗚呼《ああ》忠臣楠子《ちゅうしんなんし》の墓、吾れしばらく躊躇《ちゅうちょ》して行くに忍びず」

などと、立ち去り難い思いを詠《えい》じている。

建武三年（一三三六）、「建武の新政」に反旗を翻《ひるがえ》した足利尊氏との戦いに敗れた正成が自刃したと伝えられる地には、元禄五年（一六九二）、水戸藩主徳川光圀《みつくに》（水戸黄門）が建立した正成の墓碑があり、光圀の揮毫《きごう》「嗚呼忠臣楠子之墓」が刻まれていた。

◉楠木正成墓（兵庫県神戸市・湊川神社）

それ以前から正成は『太平記』の英雄として、武士たちの間で英雄視されていた。しかし徳川政権からすると正成は、天皇の側に立ち、鎌倉幕府を倒した危険人物としての側面もあった。そこで徳川光圀は、「忠臣」の部分を強調して正成を再評価した。

徳川御三家のひとつが言わば「お墨付き」を与えたため、正成墓所には多くの旅人が安心して訪れるようになり、名所と化してゆく。

「七生滅賊」の決意で、肉体は滅んでも忠義の志を後世に残した正成のような人物になりたいと、松陰はつねづね思っている。

松陰は墓所の傍らで売られていた、墓碑の石摺《いしずり》（拓本《たくほん》）を買い求めた。その代金は「壱歩《いちぶ》たたりて」だったと、父・叔父（玉木）・兄あての三月二十一日付の手紙で知らせている。「たたりて」とは「祟り」のことだ。貧乏書生の松陰にとり、思いのほか高価な買い物だったらしい。それでも欲しくて、買い求めたようである。

後日、江戸で松陰は正成墓碑の石摺を「三匁《もんめ》八分」費やして掛け軸に表具し、萩に送り届けている。そのさい、これは座右の銘だから、林百非などの画と一緒に床の間に掛けるなといった注意を添えた。

江戸到着は、萩を出てから三十四日目の四月九日朝である。松陰は桜田門外にあった長州藩の上屋敷（藩邸）に、ひとまず落ち着いた。まもなく藩主の駕籠も、藩邸に入る。

満足出来ない師

江戸に着くや、松陰は師を求めてさまざまな塾や講義に顔を出す。

だが、到着してひと月後の五月五日、父・叔父・兄にあてた手紙に、

「良師、友も未だ得申さず」

との愚痴をこぼす。なかなか、満足のゆく師にはめぐり会えなかったようである。

嘉永四年四月二十五日には昌平坂学問所教授でもある朱子学派の儒者安積艮斎《あさかごんさい》に入門し、

経書を学んだが「俗儒」との悪印象を抱く。山鹿流兵学者の山鹿素水《やまがそすい》にも入門して講義を受けたが、「不学無術の佞人《ねいじん》」と酷評している。六月二日、兄あての手紙では「江戸にて兵学者と申すものは噂程にこれなき様」などと批判する。

『辛亥日記《しんがい》』七月二十日の条には、西洋学者の佐久間象山《しょうざん》(修理)に入門したことが記されている。後に松陰の人生を左右するほど、強い影響を及ぼす象山だが、この時はまだそこまで評価していない(なお、松陰を象山に紹介した長州藩の蘭学者田上宇平太は、高杉晋作の叔父だった)。

松陰が見たところ、江戸の文人や学者は生計のために「講義」を売っているのだ。また、人々はわが道一筋に生きるという「志」を持っていないとも言う。多くの学者たちは危機感に乏しく、まだまだ天下泰平の夢をむさぼっていた。

これだけ不満を募らせていた松陰ではあるが、八月十七日付の兄あて書簡で、自分は愚鈍であるため、三年や五年の修行では追いつかないなどと嘆いてもいる。結構コンプレックスも強かったようで、不満はその裏返しであったのかも知れない。

東北視察計画

松陰は江戸で藩や身分の枠を越えて、多くの友をつくったが、中でも意気投合したのは前年、九州遊学のさい知り合った熊本藩士宮部鼎蔵だった。宮部もその後、江戸に出て来たため、再会したのだ。

松陰は宮部と、外圧の問題を語り合う。机上の空論ではない。嘉永四年六月には十日ほどかけ、松陰と宮部、そして熊本藩士有吉市郎の三人で、江戸の表玄関ともいうべき相模・安房沿岸をつぶさに踏査している。

松陰と宮部はさらに、東北地方の防備を視察する必要を痛感してゆく。

不凍港を求めて南下するロシアの脅威については松陰も、九州平戸で書を読んだりして知っている。松陰はみずからの海防論の中で東北地方を、

「東は満州に連なり、北はオロシアに隣す。これ最も経国の大計の関わる所」


と位置付けていた。嘉永元年三月には、外国艦隊が津軽海峡に来航したため津軽藩が応戦し、青森の民家が多数焼かれるという事件が起こったりしている。

もし、ロシアが東北方面から攻めて来たらどうなるかと考えると、松陰はいても立ってもいられない。天下有事のさいには率先して立ち上がることこそが、農工商の上に立つ武士たる者の最大の任務だと信じているのだ。

松陰と宮部は東北視察の計画を進め、来春には江戸を出発しようと話し合う。そこへ、松陰の友人で盛岡藩出身の江幡《えばた》五郎（のち那珂通高《なかみちたか》）が、同行を希望して来る。江幡の旅の目

的は、盛岡藩の政争で奸計に陥って獄死した兄の仇討ちを遂げることである。その悲願を知った松陰と宮部は、江帾の申入れを快諾した。

江帾の提言により江戸を出発する日を予定よりも早め、「十二月十五日」とした。『忠臣蔵』の赤穂浪士が主君の仇吉良上野介を討ち取り、本懐を遂げた日だったからである。

過書を持たずに出発

松陰は萩の兄に、東北旅行は百三十日の予定なので、旅費として十五、六両を工面して欲しいと、手紙で頼む。杉家にすれば大変な出費だが、快く応じてやったようだ。

ところが十二月、出発直前になって松陰は過書《かしょ》の問題に直面する。過書とは長州藩が発行し、必要があれば関所などで提示する手形（身分証明書）のことだ。

松陰は同年の七月には早くも「水戸・仙台・米沢・会津などの文武盛ん」なのを視察したいと、藩の方に旅の許可を願い出て、認められていた。ところが手続きにミスがあったのか、江帾の仇討ちに松陰が巻き込まれるのを役人が恐れたのか、詳しくは分からないのだが、出発予定日までに過書の発行がない。

常人ならば旅行を中止するか、延期するかで、対処するだろう。

ところが、松陰は違う。

十二月十二日、松陰は兄に決意を披瀝《ひれき》した手紙を書く。それは「十二月十五日は赤穂義士志を遂げし日なり」に始まり、藩主や親に背くつもりはないが、「大丈夫（男）は誠に一諾《いちだく》（約束）を惜しむ（大切にする）」のだと述べている。

こうして松陰は十二月十四日午前十時頃、過書不携帯のまま上屋敷から出奔し、十九日に常陸水戸（現在の茨城県水戸市）に到着した。二十四日、後から江戸を発った宮部と江幡が追いつき、水戸で合流する。

松陰が過書を持たずに旅立ったのは、友との約束という「信義」を果たさねばとの思いからだ。さらに、「長州人は優柔不断」との非難が起こることを心配していた。そうなれば自分だけの問題だけでは済まず、長州藩に泥を塗ることになる。ならば、自分ひとりが犠牲になればいいと思う。簡単に回避出来る地雷を、わざわざ踏んで通るような生き方である。

松陰の義弟（妹寿の夫）である楫取素彦《かとりもとひこ》は後年、松陰につき「何事も義のある処に猛進した人である」と語っている（斉藤鹿三郎『吉田松陰正史』昭和十八年）。

ただ、こうなると現代人の常識では理解し難い。当時、松陰の周囲にいた人たちですら、どの程度理解出来ていたかは怪しい。水戸から兄にあてた手紙には、「たとえ道路に死候ても、国家（長州藩）への御奉公、人に対して愧《は》じ申さず候」と、このたびの行動に対し絶対の自信があるのだと記した。

水戸で目覚めたこと

松陰たちは、水戸にひと月ほど滞在し、水戸学の儒者である会沢安《やすし》（正志斎）や豊田彦次郎を訪ねて教えを受けた。会沢は松陰が前年、平戸で読んだ『新論』の著者である。幕末以降の日本に狂信的な国体ブームを巻き起こした、立役者だ。

徳川御三家のひとつ水戸藩は当時、激動の時代の波をまともに受け、つねに世間の注目を集めていた。九代藩主の徳川斉昭《なりあき》（烈公《れっこう》）は熱烈な勤王家で、海防論を唱えて武備充実と軍制改革を行い、藩校弘道館を建設した。しかし藩内での派閥争いもあり、弘化元年（一八四四）、幕府から謹慎を命じられてしまう。

『大日本史』を編纂《へんさん》するなど、国史を重視する水戸藩では国体の問題が、熱心に論じられていた。後期水戸学では、万世一系の皇室を核とする国体が、外圧により歪められそうになれば、抵抗するという尊王《そんのう》攘《じょう》夷《い》論《ろん》（尊攘論）を打ち出した。

水戸に滞在して会沢らの影響を受けた松陰は、日本人が国史を学ぶことの重要性を痛感する。当時、武士たちが学ぶ「歴史」とは、中国史であった。だが、日本の将来を考えるには日本史を学ぶことが不可欠であると松陰は気づく。

「身皇国（日本）に生まれて、皇国の皇国たるを知らずんば、何をもって天地に立たん」

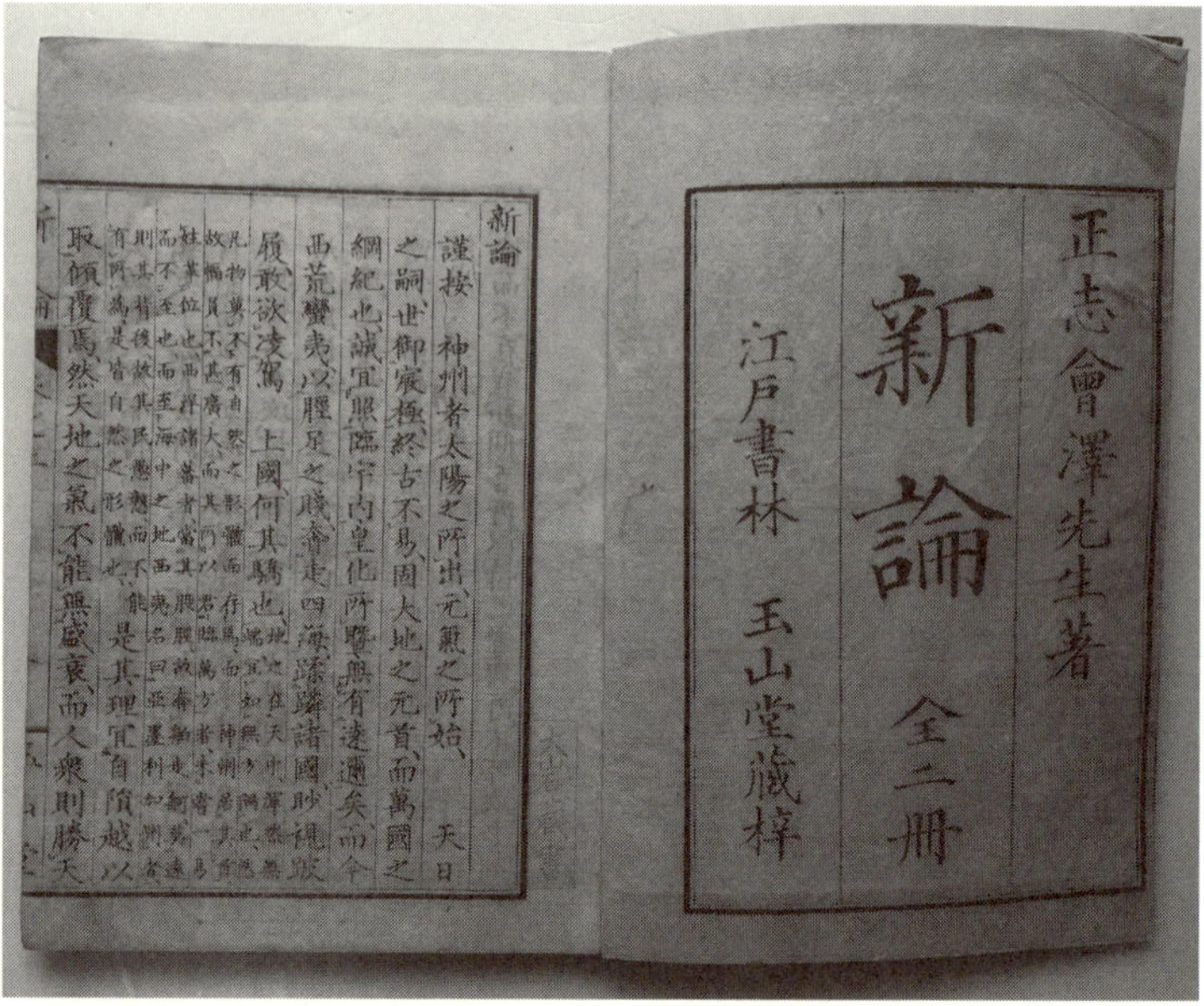

◉会沢正志斎『新論』は松陰に大きな影響を与えた（著者蔵）

と、述べている（『睡余事録《すいよじろく》』）。松陰の中に、「日本」という意識が鮮明に刻まれてゆく。

各地で見聞を広げる

松陰らは嘉永六年一月二十日、水戸を発ち、奥州へと進み、二十八日、白河（現在の福島県白河市）で江幡との別れを惜しんだ。死を決意した友との別離は、よほどつらかったようだ。その日松陰は「終日茫々として失する所あるが如し」といった虚《うつ》ろな精神状態だったと日記に記す。

松陰と宮部は二十九日から二月六日まで会津藩松平家（親藩）の城下会津若松（現在の福島県会津若松市）に滞在した。

当時、会津藩は幕府の命により安房《あわ》・上総《じょうそう》の江戸湾警備を担当していた。松陰にとって海防は最大の関心事のひとつである。特別の配慮をもって藩校日新館を視察させてもらい、文武の士が多いとの感慨を述べている。

それから深雪の中を越後に赴き、佐渡島に渡り、新潟、本庄、久保田（現在の秋田県秋田市）、大館《おおだて》（現在の秋田県大館市）などを経て、閏二月二十九日に弘前（現在の青森県弘前市）へ至って、津軽藩の軍制や教育を視察した。

三月四日に本州北端、津軽半島の小泊《こどまり》に入り、眼前の津軽海峡をはさんで蝦夷《えぞ》（北海道）松前の山々を見た。翌五日には海岸に据えられた津軽藩の大砲二門を見たいと思ったが、軍事機密のため板で囲われており、砲長や口径も知ることが出来ない。松陰は津軽藩の役人の、外圧に対する無関心さに腹を立てたりしている。

それから青森、盛岡、一関、仙台、米沢、会津、日光、足利などを巡って各地の地理や防御、民政の実態を探り、四月五日、江戸に戻った。

十年の遊歴許可

松陰はこのまま江戸に留まり、十年勉学を続けようと考えていたというから、かなりの楽天家である。藩主への甘えもあったのだろう。

だが、長州藩は松陰を罪人として扱い、帰国して謹慎し、罪が決まるのを待つよう命じた。

五月十二日、萩の杉家に帰った松陰は、処分が決まるまでの間、『日本書紀』『続日本紀』『日本逸史』『続日本後紀』『職官志』『令義解』『三代実録』など日本の歴史書を読んでいる。水戸で、日本人が日本史を知らないと痛感し、反省したからだ。そして、日本という国は古来、天皇が外敵を制し、人材を登用して来た歴史があるのだと、あらためて認識した。

帰国して七カ月を経た十二月九日、松陰への処分が下る。それは官吏服務紀律を適用し、藩士としての籍を剥奪して、家禄を没収するといった厳しいものだった。

一介の浪人になった松陰だったが、実父の監視下に置かれる「育《はぐくみ》」という身分が認められた。「育」とは家督とは関係無い、養子のような身分である。

しかも藩主毛利慶親は、松陰に十年間の遊学許可を与えてくれた。おそらく慶親は十年経ったら、松陰の藩籍を戻すつもりだったのだろう。それ程、期待していたのだ。

嘉永六年一月二十六日朝、知人や門弟に見送られて萩を出発した松陰は大坂の坂本鼎山《ていざん》（荻野流砲術家）、大和五條の森田節斎《せっさい》（勤王家の漢学者）、大和八木の谷三山《たにさんざん》（同前）などを訪ねて教えを受け、京都からは中山道を通って五月二十四日、江戸に到着する。

六月三日には、木挽《こびき》町で西洋砲術の塾を開く佐久間象山のもとに、再遊学の挨拶に出かけた。

象山は士籍を削られた松陰を、士たる者は過《あやま》ちがあってよいのだ、過ちを改め、償うことが大切だと慰め、励ましたという。

黒船来航

この時、外圧問題で頭が一杯の松陰を、歴史が江戸に呼び寄せたとしか思えないような出来事が起こる。

嘉永六年六月三日、アメリカの東インド艦隊司令長官マシュー・C・ペリー率いる黒船四隻が江戸湾入口の浦賀沖に姿を現し、幕府に開国を求めたのだ。

旗艦サスケハナ号は三八〇〇トン以上の外輪船であり、その雄姿を目撃した日本人は、度肝を抜かれる。

江戸到着から十日余りしか経っていない六月四日、松陰は長州藩上屋敷を訪れ、「黒船来航」を知る。驚いた松陰は佐久間象山を訪ねるが、象山はすでに塾生と共に現地に急行しており不在だった。あわてて松陰も象山の後を追う。

幕府首脳部は一年以上前から、オランダ経由の情報（一八五二年の別段風説書）によりアメリカ使節が通商を求め、軍艦を率いて訪日すると知らされていた。ところが幕府では十分検討する以前に、オランダは通商拡大の下心ありなどと憶測して、せっかくの情報を重視しなかった。松陰は後日幕府の密室政治を知り、だから慌てて世間を混乱させたのだと非難している（『幽囚録』）。

アメリカは西部海岸のカリフォルニアを開いて以来、日本を中国貿易の寄港地として使いたかった。あるいは蝦夷あたりを、捕鯨《ほげい》の拠点として利用する価値があるとも見ていた。この時から七年前、アメリカは開国を求める使者ビットルを日本に送ったが、断られた。今度は何としても成功させたかったのだろう。

ペリーは黒船に積んだ大砲に弾を込めさせ、乗組員たちをそれぞれの部署につかせ、戦闘態勢をとらせる。さらには、幕府が制止するのも無視して測量船四隻を江戸湾内に進め、測量を始めた。

のちに「砲艦外交」と呼ばれるペリーの荒っぽいやり方に、幕府は困惑する。アヘン戦争の例もあり、とても太刀打ち出来る相手ではないと知っていたからだ。

結局ペリーの要求を聞き入れ、相模国《さがみのくに》久里浜《くりはま》（現在の神奈川県横須賀市）に上陸させて、アメリカ大統領フィルモアの親書を受け取った。そして来年回答すると約束したので、ペリーは六月十二日、一旦日本から去ってゆく。

「黒船来航」で変わったこと

「黒船来航」は幕末史のはじまりとされる。これが契機となり、江戸時代始まって以来のルールが、いくつか大きく変わったからである。

幕府はアメリカ大統領の親書を諸大名に示し、ペリー再来にどう対処すべきか、意見を求めた。従来ならば国政に参加出来たのは、原則として徳川の譜代《ふだい》大名のみだったから画期的なことだった。これに対し、御三家や親藩、それに全大名の半数を占める外様大名たちが活気づく。俗に言う三百諸侯のうち、二百以上が幕府の求めに応じて意見を寄せて来る。その多くは鎖国体制は維持したいが、現状では太刀打ち出来ないので一旦開国し、富国強兵を進めて再び鎖国に戻すといった意見であった。

あまり参考にならなかったが、国の重要な政策は広く意見を聞き、合議で決めるべきという「公議与論」の考えが広まる契機となったことは重要である。

また、幕府は江戸湾に大砲を据えるための人工島、品川台場の築造に取りかかった。予定された十一基の台場のうち第一から第三までが安政元年（一八五四）四月に竣工した。第五・第六は一月に着手し、十一月に竣工、第四・第七は財政難などの理由から未完に終わり、第八以下は着工されなかった。幕府は他にも「武家諸法度《しょはっと》」で禁じていた大船建造の禁を解いたり、人材登用を活性化させたりした。国内統治のルールを、国防中心のルールへと、改めなければならなくなったのである。

松陰、黒船を見る

黒船来航を知った松陰は六月四日夜、ひとりで江戸を飛び出し、浦賀を目指した。藩邸の瀬野吉次郎に残した手紙には、早く行かないと海陸共に通行止めになるとの噂があるとし、

「心甚《はなは》だ急ぎ飛ぶが如し、飛ぶが如し」

と、高揚する気持ちを伝えている。

五日午後十時ころ浦賀に到着した松陰は、翌朝には高台に登り、さっそくペリー艦隊の観察を始めた。二艘は蒸気船、砲二十門余り、船長四十間ばかり（約七三メートル）、二艘はコルベット、砲二十六門、長二十四、五間（約四四メートル）ばかり等などと記録している。さすがは兵学者で、なかなか正確である。

そして、同月二十日、兄梅太郎に送った手紙で、幕府の動揺ぶりにつき、「幕吏腰脱け、賊徒（アメリカ使節）膽驕《たんきょう》、国体を失い候事千百数うべからず」と、憤る。

このままでは日米戦争が勃発すると、松陰は見た。そこで日本側の防備に目をやると、台場に据えられた大砲の数もはなはだ少なく、悔しい思いを噛み締めざるをえない。戦争になると勝算は少ないと、冷静に分析する。

先に浦賀に到着していた象山は「先年より船と砲との事をやかましく申したる」のに幕府が聞き入れなかったと憤慨し、「今は陸戦にて手詰《てづめ》の勝負の外手段これなく」と、松陰に語った。

それでも松陰は、

「日本武士一へこ（褌《ふんどし》）しめる機会来り申し候。賀す（喜ぶ）べきも亦《また》大なり」（六月六日、道家龍助あて松陰書簡）

と、これを機に平和ボケした武士たちの間に危機感が高まるよう期待し、喜ぶ。

それから松陰は久里浜に上陸したペリーが、アメリカ大統領の親書を幕府側に手渡すさまを大勢の見物人に混じって見物した。

松陰は新興国アメリカに、歴史ある日本が膝を屈するなど堪えられないと嘆き、来年こそは「日本刀の切れ味」を見せてやると、意気込んでいる（六月十六日、宮部鼎蔵あて松陰書簡）。

藩主に意見書を出す

松陰は「黒船来航」に対し、幕府が弱腰であると見た。ならば、自分が国体を護らなければならないと思う。

嘉永六年八月には『将及私言《しょうきゅうしげん》』『急務条議《きゅうむじょうぎ》』と題した意見書を、藩主に提出した。その中で松陰は、アメリカの態度は軽蔑侮慢《けいべつぶまん》で、見聞に堪えないと憤慨する。そして、幕府のやり方は事なかれ主義であると、徹底して批判した。だから、藩主が他の大名の先頭に立ち、外国を一掃せよなどと訴える。藩主から暇を出された一介の浪人が藩主に物申し、幕府を批判するのだから、越権行為である。

当然、藩士たちの間で、松陰の行動が分不相応だとの非難の声が起こった。そして松陰は、藩邸への出入りを禁じられてしまう。

松陰はこの時期、西洋兵学の大家で、江戸木挽町で塾を開く佐久間象山に傾倒し、砲術と蘭学の教えを受けていた。

象山は西洋の火器を備えた海軍により、日本を護ると考えていた。象山はこれからの日本の進むべき道を、「東洋の道徳、西洋の芸術」であると説く。道徳は従来どおり東洋の儒教思想を貫き、西洋からは科学技術（芸術）を導入するのだ。

象山の影響もあり、兵学者の松陰は西洋の近代火器の実態、外圧の正体を知ろうとする。このため自分が国禁を破ってでも西洋に渡り、直接学んで来ようと決意した。

そんな松陰の背中を押したのも、象山だった。象山は幕府に建白書を差し出し、若い優秀な人材を十数人選び、海外留学させるべきだと訴えていた。象山は留学生として、松陰も推薦するつもりだった。ところが幕府は、象山の意見に耳を傾けようとはしない。そこで象山は、ひそかに松陰に密航を薦める。

そのころ、漂流のすえアメリカで学んだ土佐の漁師中浜万次郎が帰国し、幕府に通訳として召し抱えられていた。だから象山は、漂流に見せかければ密航にはならずに済むと考える。象山の激励もあり、松陰は奮起した。

ペリー来航からひと月後、今度はロシアの太平洋艦隊司令長官・海軍中将エウフィーミー・プチャーチンが、四隻の黒船を率いて長崎に現れ、幕府に開国を求める。

こうして松陰は、行動に移る。九月十八日、江戸を発ち、ロシアの黒船に乗り込んで密航するため、長崎へと向かった。

天皇を発見する

江戸を飛び出した松陰が長崎に向かう途中、京都に入ったのは十月一日のことだ。初めて踏む京都の土である。

松陰は鴨川を臨む地に居を構える、勤王詩人としても知られた、梁川星巌《やながわせいがん》という六十五歳の学者を訪ねた。

星巌は訪ねて来た松陰に、時局多難なおりから、天皇が大変心を痛めていると、語る。この一言が、松陰の人生を大きく変えた。

これまでも見て来たとおり、松陰は熱心な皇室崇拝者だった。だが、それは国体の核となる「神」としての天皇であり、言わば信仰の対象であった。

ところが「神」の天皇が、黒船来航といった生々しい政治問題に関心を抱き、いろいろと日本の将来を案じているらしいのだ。それは松陰にとり、大きな驚きだった。とてつもない「発見」だった。その時の感激を松陰は次のような長い詩に託し、日記『長崎紀行』に書き

◉山河襟帯の詩を刻んだ碑（京都市・岡崎公園）

つけている。

山河襟帯《きんたい》自然の城
東来日として神京を憶はざるはなし
今朝盥嗽《かんそう》して鳳闕《ほうけつ》を拝し
野人悲泣して行くこと能《あた》わず
上林零落《じゅりんれいらく》にして今古《きんこ》に非ず
空しく山河の変更なし
聞くならく今上聖明《きんじょうせいめい》の徳
天を尊び民を憐む至誠より発したまう
鶏鳴《けいめい》乃《すなわ》ち起きて親ら齋戒《さいかい》し
妖氛《ようふん》を掃《はら》って太平を致さんことを祈らたまう
安《いず》んぞ天詔を六師に勅し
直ちに皇威をして八紘《はっこう》に
被《こうむ》らしむるを使す
従来英皇不世出《じゅうらいえいこうふせいしゅつ》

悠々機を失す今公卿《いまのくぎょう》
人生は萍《うきくさ》如く定在なし
何れの日にか重ねて天日《てんにち》の明《めい》を拝せん

松陰はまず京都の大観から説き起こす。そして皇室への思いを述べ、国難に直面した日本が攘夷を行い、外圧（妖氛）を除き、国を護り、平和（太平）を取り戻さなくてはならぬと訴えている。せっかくこのように考えてくれる不世出の天皇（今上）がいても、悠々と機会を逃している取り巻きの公卿たちを批判する。

黒船を見た衝撃に加え、時局を憂え、攘夷を行おうとする政治指導者としての天皇を「発見」したことが、松陰の心を激しく揺さぶった。

それから松陰は大坂に出、船で豊後鶴崎まで行き、熊本・島原などを経、十月二十七日、長崎に到着した。ところがお目当てのロシア艦は、三日前に出港したという。ここで松陰の旅は、徒労に終わる。

日米和親条約締結

年が明けた。松陰は二十五歳の春を江戸で迎えた。

幕府は前年のアメリカの要求に対する答を未だ出せずにいる。ところが安政元年一月十八日、ペリーは約束どおり回答を求め再来日した。しかも江戸湾内海、金沢沖に現れた艦隊は六隻（のち七隻）に増えていた。ペリーの横柄な態度に憤った松陰は同月二十七日、父にあてた手紙で次のように知らせている。

「金沢沖に居然□□夷船七隻碇を並べおり候状態、実に切歯に堪えず、かつ日を逐《お》いて猖獗《しょうけつ》の形を顕《あら》わし（横暴になって）、測量上陸、言語道断の趣にござ候。穏便穏便の声天下に満ち、人心土崩瓦解、皆々太平を楽しみ居る中にも、有志の輩は相対して悲泣するのみにござ候」

日米交渉は二月になって横浜村で行われ、数回の交渉のすえ、三月三日に「日米和親条約」が締結されることになった。

この条約により幕府は、下田・箱館（函館）の開港、薪水・食料・石炭といった必需品の補給、漂流民の救助、外交官の下田駐在などを認める。ただし自由貿易については、日本側の強い抵抗により、取り決めが行われなかった。交渉を担当した林復斎は、日本は自給自足が出来るから、貿易は必要ないと、ペリーの申し出を断っている。

こうして日本は「開国」への第一歩を踏み出す。ついで七月にはオランダ・イギリス・ロシアとの間に同様の条約が締結された。

密航計画を練る

アメリカの黒船が再来日したころ、松陰は宮部鼎蔵と共にペリー暗殺計画を立てていたと、後年になって述べている。

ところが和親条約が締結され、日米開戦が回避されたと知るや、松陰は拍子抜けする。前年、掟を破ってまで藩主に呈した意見書も、幕府がアメリカの申し出を断り、開戦となることを前提として書いていた。

もはや、国内でやることはないと考えた松陰は西洋文明を求め、再び海外渡航を企てるようになった。

そのためには、国禁を犯さねばならない。この点、真面目一辺倒の松陰はどう考えていたか。後日、兄に「禁を犯して海を航するを悪《にく》むなり」と非難された松陰は、

「禁はこれ徳川一世の事、今時の事はまさに三千年の皇国に関係せんとす。何ぞこれを顧《かえり》みるに暇《いとま》あらんや」

と、反論している（安政元年十二月五日、兄杉梅太郎と往復書簡）。

眼前に迫っているのは三千年の歴史を持つ皇国（日本）の危機であり、そのためなら徳川

という政権が決めた法など破っても構わないと言うのだ。これが何度も法を犯した松陰が、自身を納得させていた理屈なのである。

そんな松陰のもとへ、二十四歳の金子《かねこ》重之助《しげのすけ》という青年が訪ねて来る。萩の染め物屋の子だが、幼いころ下級武士の養子となり、前年から江戸の藩上屋敷で雑役《ざつえき》として働いていた。金子はアメリカに渡りたいと同行を頼み、松陰は承諾する。まもなく金子は藩邸から脱走し、浪人になった。

日米和親条約が締結された三月三日、江戸では桜が満開だった。そこで、松陰は鳥山新三郎や宮部鼎蔵・永島三平、そして金子ら十数人と共に、墨堤《ぼくてい》の花見に出かけている。

いよいよ下田へ

松陰は浪人になったさい、生涯二十一回の猛挙《もうきょ》を行うと誓い、二十一回猛士と号した。一度目は東北旅行、二度目は藩主への建白、そしてアメリカ密航は、三度目の猛挙になるはずだった。

安政元年三月五日の夕方、江戸の鳥山新三郎邸を発った松陰と金子は神奈川沖から黒船に乗り込もうと、夜通し歩いて保土ケ谷宿に赴いた。ここで翌朝、アメリカ側に自分たちの思いを知らせるための『投夷書《とういしょ》』を書き上げている。

そして、松代藩の軍議官（参謀格）として横浜に出張中の佐久間象山のもとを訪れた。

象山は夜中に漁師に変装し、アメリカの黒船に近づく計画があると言った。松陰も喜んで同行したが、国禁を破ることを恐れた漁師は途中で約束を違えたため、舟を出すことが出来なかった。

翌日も別の漁師に酒を飲ませ、法外な金を与えて、黒船まで漕ぎ着ける約束をさせたが、やはり実行寸前になって尻込みしたため失敗した。さらに別の漁師も最初は調子がよかったが、風向きが変わって、波が荒れているから舟を出さないと言い出し、またもや失敗に終わった。

その後、ペリー艦隊は一隻が本国に帰り、残りは伊豆の下田港（現在の静岡県下田市）に向かうことが分かる。和親条約により下田開港が決まったため、視察に赴くのだ。

仕方なく松陰と金子も、下田を目指す。鎌倉、藤沢、小田原、熱海、伊東などを経、十八日に下田到着。同日に黒船二隻が下田港に入り、ペリーの乗るポーハタン号など四隻は二十一日に入港して来た。

密航計画

安政元年三月二十七日、松陰と金子は下田に上陸して来たアメリカ人将校に、『投夷書』を渡すことに成功した。そして同日の午前二時ころ（現代の感覚なら二十八日）、下田の柿崎海岸で盗んだ漁舟でペリー艦隊に近づく。ちなみに『投夷書』には「支那の書」を読み、ヨーロッパやアメリカの「風致を聞知し、乃《すなわ》ち五大洲を周遊せんと欲す」とあり、松陰の情報源が、清朝中国で出版された『海国図志』などであったことを、うかがわせる。

松陰たちは旗艦ポーハタン号上にたどり着いたが、乗って来た舟は刀や荷物とともに大波にさらわれてしまった。やがて、日本語の話せるウイリアムスが応対に出て来る。

ウイリアムスはすでに、『投夷書』を読んでいた。そこで松陰は懸命になって、学問がしたいのでアメリカに連れて行って欲しいと頼む。ウイリアムスはペリーも心中喜んでいる旨を告げ、松陰らの勇気を称えた。しかし日本と条約を結んだばかりで、それを破り密航者を連れてゆくわけにはいかないと、松陰の申し出を拒否する。

松陰はこのまま戻れば死刑になると、情に訴えようとしたが、聞き入れられなかった。近年見つかったアメリカ側の記録によると、松陰は午前二時四十五分にポーハタン号の艦上に至り、約四十五分間滞留した後、送還されたようである。

松陰と金子はウイリアムスが用意してくれたボートで夜の闇の中を、陸に送り届けられた。ところが、乗って来た小舟が流されており見つからない。松陰と金子は懸命になって探すが、そのうち夜が明けてくる。もはや逃げられぬと悟った松陰と金子は柿崎村の名主宅に自首し、やがて下田奉行所の獄につながれた。そして奉行黒川嘉兵衛らの取り調べを受ける。

世の人はよしあし事もいはばいへ

◉松陰と金子が船出前に潜んだ弁天島（静岡県下田市）

賎《しず》が誠は神ぞ知るらん

これは下田の獄中で、松陰が詠んだ歌だ。世間の非難は相手にしない、自分の国を思う真心は神のみが理解してくれれば、それでよいのだという意味の強烈な思いを込めた歌である。

下田で一応の取り調べを受けた松陰と金子は四月十日、重罪人用の遠丸駕籠《とおまるかご》に乗せられ、迎えに来た江戸八丁堀同心二名と岡っ引き五名に厳重に護衛されて天城《あまぎ》を越え、江戸へと送られた。四泊五日の道中である。

四月十五日、駕籠が高輪泉岳寺の門前を通るや松陰は、

かくすればかくなるものとしりながら
やむにやまれぬ大和魂

と詠じた。泉岳寺に眠る「赤穂義士」を、自身に重ねたのだ。次に訪れるのが苛酷な運命だと承知しながらも、「義」を貫くためには行動を起こさずにはいられない。それが「赤穂義士」と自分に共通する「やむにやまれぬ大和魂」なのだと、松陰は信じている。

伝馬町獄に投ぜられる

安政元年四月十五日、江戸に着いた松陰と金子は北町奉行所で取り調べを受けた後、伝馬《てんま》町《ちょう》獄に投ぜられた。

伝馬町獄は二千六百十八坪もの広さを誇る、江戸時代最大の牢獄である。松陰は士分の未決囚だから東口揚屋《あがりや》、金子は卒だから大半がゴロツキという無宿牢（のち百姓牢）だ。

松陰は牢内におけるアウトローの不文律には、従順だった。友人に手紙を書いて金銭を差し入れてもらい、牢名主《ろうなぬし》へ「命の蔓《つる》（金銭）」としてせっせと差し出した。すると牢内での待遇は「御客」から「若隠居」「仮座隠居」「二番役」と次々と昇格し、ついには「添役《そえやく》」にまで上ってゆく。それが愉快であったと、松陰は後日『回顧録』に記している。囚人たちもアメリカ艦に乗り込もうとした松陰に興味津々《しんしん》で、その話を聞いて感激したという。

松陰は獄中でも、一日も欠かすことなく読書した。「たとえ獄中にありとも、敵愾《てきがい》の心一日として忘るべからず。苟《いやしく》も敵愾《てきがい》の心忘れざれば、一日も学問の切磋怠るべきにあらず」と述べる。西洋列強を敵視する心を忘れてはならぬと、自ら戒《いまし》めている。

取り調べに対し、松陰は神妙な態度で、包み隠さず、すべて自分の罪であると堂々と申し開きをした。事件を起こして半年後の九月十八日、幕府が松陰に対して下した判決は、親元で蟄居《ちっきょ》せよという、寛大なものだった。同時に金子にも、萩で蟄居との判決が下る。

それはまず、幕府が松陰の「一途に御国の御為《おんため》を存じ成しつかまつり候旨《そうろうむね》」との主張を認めたからだ。また、ペリーからも前途ある青年を愛惜するようにとの勧告があったという。両国ともに条約調印直後であり、あまり波風を立てたくはなかったのだろう。だが、松陰はそのような政治的な配慮には頭がおよばない。「至誠」こそが人の心を動かすのだという、日頃信念とするところを実感していた。

こうして松陰と金子の身柄は、幕府から長州藩へ引き渡された。そして九月二十三日、罪人として駕籠に乗せられ、総勢二十一人の護送者に囲まれて江戸を発ち、萩に向かう。

なお、事件に連座した佐久間象山は、故郷の信州松代《まつしろ》（現在の長野県長野市）に送られ、文久二年（一八六二）十二月まで永い蟄居生活に入る。

父百合之助は、松陰の行動に理解を示した。兄梅太郎は江戸勤務中なのに、松陰が事件を起こしたことで自責の念に駆られ、一旦辞表を提出して帰国、謹慎した。その後、梅太郎は同年十一月になって召し出され、郡《こおり》奉行加勢その他の官職に復帰することが認められている。

第三章　教育者としての松陰

野山獄を「福堂」に

松陰と金子重之助を乗せた駕籠が、萩に到着したのは安政元年（一八五四）十月二十四日のことである。幕府に対し遠慮した長州藩は、二人を城下の獄に投じた。

松陰は士分だから上牢の野山《のやま》獄、金子は卒だから百姓牢の岩倉獄に、それぞれ繋《つな》がれた。だが、金子は江戸の獄中から病にかかっており、さらに劣悪な獄内の環境が災いして安政二年一月十一日、二十五歳の生涯を閉じた。金子のことを「真に吾《わ》が友」と呼んでいた松陰は、大きな衝撃を受ける。

松陰が野山獄に投ぜられた期間は、一年二カ月だった。この間、学問に対する情熱は凄まじかった。『野山獄読書記』によると、六百十八冊の本を読んでいる。あるいは密航未遂事件に関して『幽囚録』『回顧録』を著した。特に『幽囚録』は国防問題につき、大陸・南方への進出、国権拡大を論じており、注目に値する。

野山獄は南北二棟から成り、一棟は六室に仕切られ、松陰の他に十一人の囚人が繋がれていた。囚人のうち、官から罰を受けている者は僅か二人。あとの九人は、なんらかの事情があって家族により隔離され、身内から出された借牢願いにより、藩が獄に投じた者たちだった。かれらは裁判もなければ、いつ出獄出来るかも分からない。

ここから、しばらくの間、松陰の教育者としての顔が、前面に出て来る。心が荒《すさ》んだ囚人たちを相手に、松陰は学問を講じ始めた。

「人賢愚ありと雖《いえど》も、各々《おのおの》一二の才能なきはなし。湊合《そうごう》して大成する時は必ず全備するところあらん」

とは、この獄中における松陰の言である（『野山雑著』）。賢い者も愚かな者も、自分の才能を信じて伸ばせば、人材になれると信じていたのだ。

松陰はアメリカの刑務所にならい、獄を更生施設の「福堂」と考えていた。学問とは人間が禽獣《きんじゅう》（他の動物）と異なる理由を知り、人間がみずから真の人間となるために行うのである。朝に道を聞けば、夕に死んでも良いとはこのことだと、松陰は説いた。

まず、松陰が講義したのは『孟子《もうし》』である。性善説に根拠を置き、仁義礼智の徳を発揮するにありとした孟子の哲学は、松陰の最も好むところであった。

◉松陰が投ぜられた野山獄跡（山口県萩市）

あるいは武家の盛衰を描いた頼山陽《らいさんよう》の『日本外史』を他の囚人と対読したり、時事問題も討議したりする。俳諧《はいかい》の会などを催し、今度は松陰が教えを受けたりした。

獄中教育により、野山獄の風紀が一変したことを評した長州藩は安政二年十二月十五日、病気保養を名目に松陰を親元の杉家に帰した。

杉家は嘉永六年（一八五三）より、現在、松陰神社が鎮座する地に居を構えている。瓦葺き平屋の広い屋敷は借家で、松陰は東に面した四畳半の一室を幽囚室《ゆうしゅうしつ》とした。

天下は一人の天下

このころ松陰は、二人の人物と手紙で激しい論争を行っている。

一人目は、七十五歳になる藩の大儒山県太《やまがたたい》華《か》（半七）だ。松陰は孟子の講義録『講孟余《こうもうよ》話《わ》』（別名『講孟箚記《さっき》』）をまとめるにあたり、大華に送って批評を乞うた。

　ところがそれを読んだ大華は、松陰が危険思想の持ち主と見る。特に大華が問題視したのは、日本の国の頂点に立つのは誰かという点だった。松陰は「天下は一人の天下なり」とし、日本はすべて天皇一人のもので、国民はみな、天皇の臣下だとの考えである。

　これに対し大華は、「天下はひとりの天下に非《あら》ず、天下の天下なり」と批判する。大華は天皇から武家へと政権が移ったのは「君徳」が失われたからで、天命だとも言う。

　松陰は大名は天皇の臣とするが、大華は将軍の臣だと考えている。

　国体の信奉者であり、天皇を絶対的な存在とする松陰は、大華の考えを絶対に認めようとはしない。

　日本は神代《かみよ》の時代から、天皇を奉って来たのだと主張する。

　一方、大華は松陰のような考え方を、皇国、皇国と叫んで、君臣の分を曖昧《あいまい》にし、封建的な秩序を乱す者だとした。松陰が盛んに言う国体という語についても、大華は中国宋の頃の書に見られるものであり、日本の古い書では見たことが無く、水戸学が初めて言い出したのだと、冷静に指摘する。

　結局、この論争は松陰の方がやや感情的になって、尻切れで終わった感じである。

　もうひとりの論争相手は、安芸の勤王僧である黙霖《もくりん》だった。黙霖は、松陰よりも六つ年長の文政七年（一八二四）生まれ。猛勉強のすえ神道・仏教・儒教に通じていたが、病のため

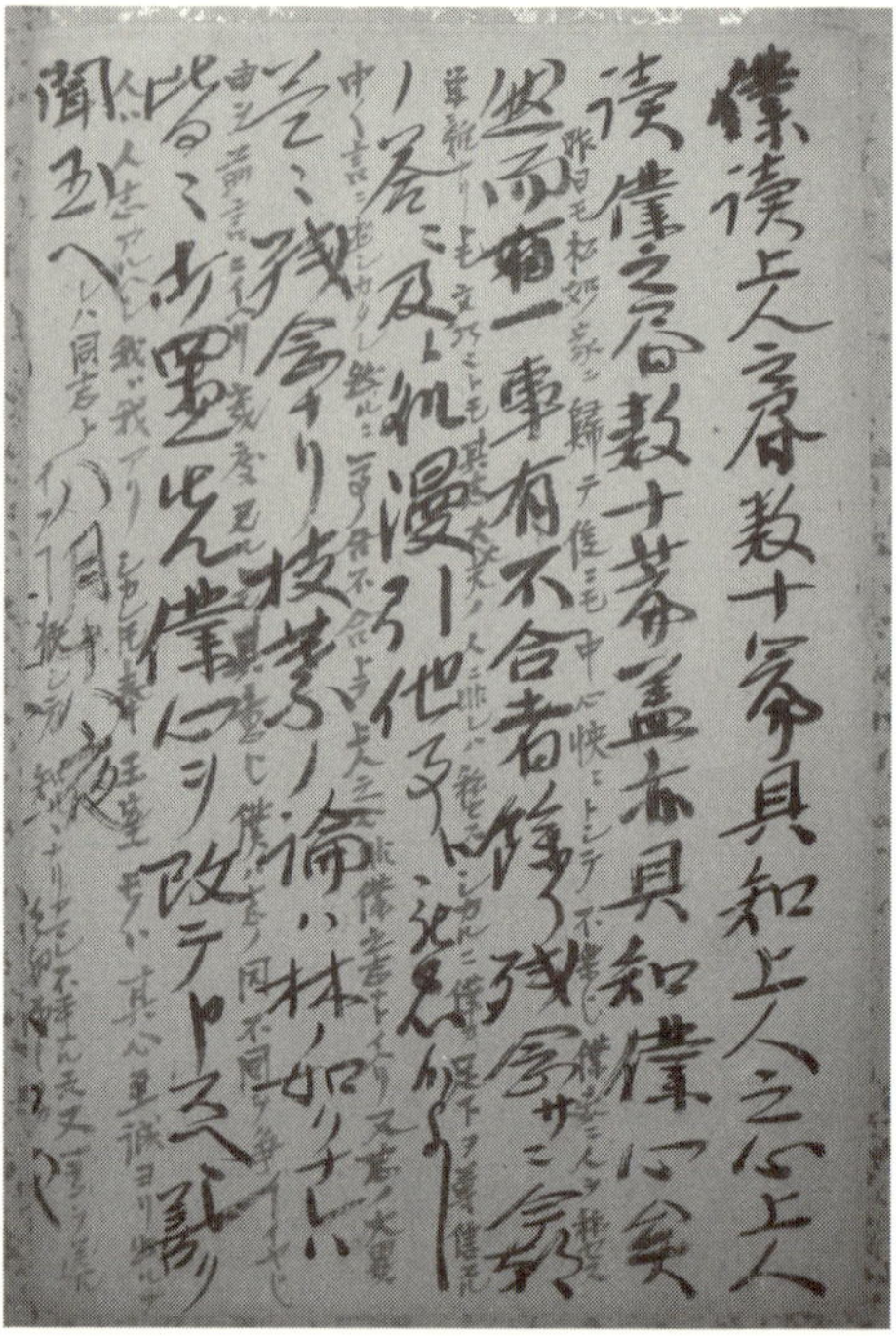

◉松陰が黙霖に自分の立場を弁明した「大問の書」冒頭。行間の細字は黙霖の返信（著者蔵）

聾唖《ろうあ》の身であった。

黙霖は王道である天皇を疎《おろそ》かにし、独裁を続ける幕府を覇道《はどう》と見る。そして、幕府など倒してしまえと言う。それが出来ない松陰を非難し、煽りまくる。

そこまで過激なことを言われると、かえって冷静になるのが松陰の面白いところだ。松陰は自分は毛利家の家臣という立場であり、幕府に罪を認めさせ、天皇に忠勤を遂げさせるために働きたいなどと、弁解している。

こちらの論争は、松陰が黙霖の強引さに圧倒されながらも、お互い勤王の志があついことを認め合い、終わっている感じだ。

『孟子』の続きを講義する

野山獄を出た松陰が、家に帰った翌々日、安政二年十二月十七日のことである。幽囚室を掃除し、静かに書籍に親しもうとしていた松陰のもとに、父と兄がやって来た。そして獄中での『孟子』の講義録を見つけて、完成していないのを惜しんだ。

父や兄は、自分たちが講義を受けるから、この講義録を完成させよと提案する。おそらく家族たちは、外の世界から遮断されてしまった松陰に、なんらかの気晴らしが必要であると気遣ったのだろう。

こうして松陰はこの暗い一室で、父や兄、そして親戚の久保五郎左衛門らを相手に『孟子』の講義を始める。何回か集まって、十二月二十四日に下篇が終わった。しばらく中断した後、安政三年三月から再開したが、このころには新たに玉木彦介（文之進の嫡子）・高洲滝之允・佐々木梅三郎らが聴講生として加わっている。

松陰の『孟子』は、野山獄で開講して以来一年の六月十三日で全巻を読了した。この時の講義録が先述の、山県太華との論争を引き起こした『講孟箚記』だ。

『講孟箚記』序文は、次のように始まる。

「道はすなわち高し、美し、約なり、近なり。人ただ其の高く、かつ美しきを見て以てべからざると為し、しかも其の約にしてかつ近、甚だ親しむべきことを知らざるなり」

人の人たる道とは本当は難しいものではなく、身近で親しみやすいものだという。いかにも松陰らしい一文だ。

松陰は孟子を好んだ。孟子の句、

「至誠而不動者未之有也」（至誠をして動かざる者いまだこれあらず）

は、松陰の生涯を通じての座右の銘だった。しかし盲信はしていなかった。『講孟劄記』には次のような一節があり、松陰の学問に対する態度がうかがえる。

「経書（『四書』『五経』など）を読むの第一義は、聖賢に阿《おも》ねらぬ（追従しない）こと要《かなめ》なり。もし少しにても阿ねる所あれば、道明らかならず、学ぶとも益なくして書あり」

またある時には、ある部分について、

「孟子の謬妄《びもう》（誤り）、未だ此の章より甚だしきはなし」

などと批判を加えるあたり、松陰が冷静に孟子の教えを読み解こうとしていた姿勢がうかがえる。

引き続き安政三年八月二十二日からは、『武教全書』の講義も始めた。十一歳の松陰が藩主の御前で講義して褒められた、あの懐かしい山鹿流の兵学書だ。この講義録は『武教全書講録』として現存する。

『武教全書』のあと、松陰は『武教小学』『日本外史』『陰徳太平記』『春秋左氏伝』『資治通鑑』などの講義を続けた。さらに時事問題についても、塾生たちと時には激しく論じ合った。

松下村塾の主宰者

『武教全書』の講義を始めたころから家族や親戚の他に、主に近所に住む下級武士の少年たちがひそかに松陰の幽囚室を訪れ、教えを受けるようになった。

最も初期の塾生は、増野徳民《ましのとくみん》・吉田栄太郎（稔麿《としまろ》）・松浦亀太郎（松洞《しょうどう》）である。

十六歳の増野徳民は医者の子で、山深い周防玖珂郡《くがぐん》山代本郷村《ほんごうそん》（現在の山口県岩国市）から安政三年十月一日、わざわざ杉家に寄寓して教えを乞うた。吉田栄太郎と松浦亀太郎は、いずれも近所に住む、松本村の学問好きな少年である。

念願だった、自分の志を継いでくれるかも知れない門人が現れたのだから、松陰は喜んだ。

そこで松陰は、増野に「無咎《むきゅう》」、吉田に「無逸《むいつ》」、松浦に「無窮《むきゅう》」という字を与える。三人は松下村塾の「三無」と呼ばれるようになった。「三無生なる者あり、ひそかに来たりて吾に従いて遊ぶ（学ぶの意味）」などと述べている。

後日、松陰の指示を受け、野山獄から富永有隣《とみながゆうりん》を救い出し、松下村塾で講義させるために働いたのも、この「三無」だった。

その後、塾生の数は日に日に増え、やがて久坂玄瑞・高杉晋作らも加わるようになり活気を呈する。これが、松陰が主宰する松下村塾だ。

塾生が増えたため、杉家の敷地内にあった小屋を改造して、ここを八畳一間の塾舎とした。安政四年十一月初旬のことだ。さらに塾生が増えたため、翌五年三月には農家の廃屋を買って来て、ほとんど塾生たちの手で十畳半分の控え室を増築した。学ぶ塾舎までも塾生が手作りすることを、松陰は喜んだ。この建物は萩市椿東《ちんとう》の松陰神社境内に現存しており、一般に「松下村塾」と言えば、これを指す。

松下村塾の名は当時、このあたりの地名が松本村だったことに由来する（現在の地名は萩市椿東）。もっとも名付け親は松陰ではない。叔父の玉木文之進である。

最初の松下村塾は天保十三年（一八四二）、玉木が松本村新道の自宅で開いた私塾だった。初代主宰者は玉木ということになる。松陰も、兄とともにここで玉木から教えを受けた。一時は寄宿したこともあるらしい。こちらも現在、藁葺き屋根の質素な当時の建物が残る。

その後、玉木の公務が多忙になったため、松下村塾は一時中断される。しかし嘉永元年こ

◉松下村塾（山口県萩市）

ろ、親戚（松陰の外叔）の久保五郎左衛門が引き継ぎ、玉木宅から東に数十メートル離れた場所で松下村塾を再開した。この久保が二代目の主宰者で、「久保塾」とも呼ばれる。門人は七、八十人もいた時期があったというから、萩城下でも屈指の規模だったようだ。実質は習字や読書、詩文を教える寺小屋だったという。

そのうち、松陰の幽囚室での講義が始まった。久保の松下村塾で教えを受けた中に、さらにレベルの高い松陰の講義を受ける者が出始める。初めのころ、日記によると松陰は『日本外史』『孟子』『三国志』などの他、世界地誌である箕作省吾『坤輿図識』を塾生に読ませ、国防の問題につき語り合ったりしている。

そして、いつの時点かは定かではないのだ

が、久保は「松下村塾」の名称を松陰に譲った。こうして松陰は、松下村塾三代目の主宰者となった。

人材を輩出

松陰が主宰する松下村塾が、歴史にその名を刻んでいるのは、幕末から明治にかけての日本をリードした幾多の人材を輩出したからだ。

安政三年三月から野山再獄までの、二年十カ月間に松陰のもとを訪れた松下村塾の塾生数は九十二名が判明している。その内訳は士分五十三名、卒分（足軽・中間など）十名、陪臣《ばいしん》（毛利家重臣の家臣など）十名、地下医《じげい》四名、僧侶三名、町人三名、他藩人（医師）一名、不明八名となっている。身分不明の三名は武士身分と考えられる。そうすると七十六名、全体の八三パーセントが武士身分であった（海原徹『松下村塾の人びと』平成五年）。

こうした客観的データから見ても、松下村塾は武士の塾であった。国の将来を語り合うのだから、それは社会の治者である武士の任なのである。

松陰自身がどう考えていたかは、安政六年九月十一日、堀江克之助《かつのすけ》あての手紙中に「小生住居は萩の東隅にて松本と申す所にて同志の会所を松下村塾と申し候」（傍点引用者）とあるのを見ても分かる。それは、政治結社的な意味が強かったのだ。

次に主な塾生の名を簡単な事蹟とともに紹介しておこう。

まず、幕末の政治運動に身を投じ、戊辰戦争までに若い生命を散らした次のような者がいる。

高杉晋作（文久二年（一八六二）、幕吏に従い上海を視察。翌三年、庶民も動員した奇兵隊を結成。第二次長州征伐撃退の指揮を執るも、慶応三年（一八六七）病没。二十九歳）

久坂玄瑞（藩是が破約攘夷に定められるや、朝廷と結び付き、開国した幕府を追い詰めたが、文久三年八月の政変で政局から追放。元治元年（一八六四）、禁門の変に敗れ自刃。二十五歳）

入江九一（杉蔵。禁門の変で戦死。二十七歳）

吉田稔麿（栄太郎。万延元年（一八六〇）、脱藩して幕臣に仕える。文久三年八月の政変後、幕府・長州間を奔走したが、元治元年、池田屋事件で死。二十四歳）

寺島忠三郎（禁門の変で敗れ自刃。二十二歳）

松浦松洞（亀太郎。文久二年、京で自刃。二十六歳）

有吉熊次郎（禁門の変で戦死。二十二歳）

弘勝之助（禁門の変で自刃。二十八歳）

杉山松介（池田屋事件で闘死。二十七歳）

飯田正伯《しょうはく》（軍資金目的で浦賀の豪商を襲い、文久二年獄死。三十八歳）

大谷茂樹（回天軍を結成するも、藩論が一転し自決。二十八歳）

赤禰武人《あかねたけと》（奇兵隊の三代目総督となるも、幕府に内通したとの嫌疑を受け処刑。二十八歳）

時山直八（奇兵隊参謀。戊辰戦争で戦死。三十一歳）

駒井政五郎（御楯隊斥候隊長《みたてたいせっこう》。明治二年（一八六九）、箱館戦争で戦死。二十九歳）

次に、明治の世を迎え、政治家として働いた次のような者がいる。

前原一誠（佐世八十郎。参議・兵部大輔。明治九年、萩の乱を起こすも敗れて刑死）

伊藤博文（利輔。俊輔。文久三年、英国秘密留学。初代兵庫県知事。明治四年、岩倉使節団副使。初代はじめ内閣総理大臣を四回。大日本帝国憲法を起草。初代韓国統監。公爵）

山県有朋（小輔・狂介。奇兵隊軍監。普仏戦争視察。総理大臣を二回。陸軍大将。日清戦争で第一軍司令、日露戦争で参謀総長。元帥。公爵）

山田顕義（市之允。整武隊総督。明治四年、岩倉使節団に従い欧米視察。陸軍中将。初代司法大臣。現在の日本大学・国学院大学学祖。伯爵）

品川弥二郎（御楯隊書記。ドイツ公使代理。内務大臣。産業組合の設立に尽くし、現在の農協や信用金庫の基を築く。子爵）

野村靖（和作。明治四年、岩倉使節団に従い欧米視察。神奈川県令。内務大臣・逓信大臣。子爵）

正木退蔵（佐伯梅三郎。明治四年に英国留学しスチーブンソンと会い「吉田寅次郎」執筆の

材料を提供。ホノルル総領事）

地方官として働いた次のような者もいる。

境次郎（斎藤栄蔵。島根県令）
国司仙吉（秋田県権令）
松本鼎《かなえ》（釈提三。熊本県大書記官・和歌山県知事）
妻木狷介《けんすけ》（福井県大書記官・島根県大書記官・滋賀県書記官・岡山県書記官）

明治日本は産業立国を目指し、目覚ましい成長を遂げたが、技術官僚として活躍した者もいる。

渡辺蒿蔵《こうぞう》（英国に秘密留学してグラスゴーで造船技術を学び、帰国して長崎造船所所長）
飯田俊徳（オランダに秘密留学。帰国し工部省に出仕。鉄道建設の第一線で働き天竜川以西の架橋やトンネル掘削など）
岡部利輔（工部省に出仕。兵庫製作所〈造船所〉所長）

ただし、表舞台からドロップアウトしてしまった者もいる。

馬島甫仙《まじまほせん》（誠一郎。奇兵隊書記などを務めたが新しい時代に失望し、重い病にかかり明治四

年十二月、東京で二十八歳で没）

伊藤伝之助（奇兵隊幹部を務め、数々の戦いに功を立てたが、維新後、なぜかその消息を断つ）

増野徳民（幕末、政治運動に参加することを父から厳しく禁じられ、失意のうちに明治十年、三十六歳で故郷周防山代《やましろ》で他界）

門下生の大半が、萩城下およびその近郊から集まっている点に注目したい。松陰という強烈な個性を放つ指導者に、感化された結果と見るべきであろう。

久坂玄瑞を打ちのめす

松下村塾生の中で特に久坂玄瑞（義助《よしすけ》）と高杉晋作を後世、「竜虎」とか「双璧」と呼ぶ。この二人を松陰はどのように指導したのかを、見てゆきたい。

久坂玄瑞は天保十一年、萩城下平安古《ひあこ》に住む藩医久坂良廸《りょうてき》の息子として生まれたから、松陰よりも十歳年少である。幼いころから秀才の誉れが高かった。

玄瑞が松陰に接触したのは、十七歳の安政三年五月下旬のことだ。同年三月より九州北部を遊歴し、蒙古襲来や豊臣秀吉の朝鮮出兵などの史跡に触れ、攘夷の志を燃やした。特に蒙古襲来の際、鎌倉幕府の執権北条時宗《ときむね》が元の使者を斬ったとの話を、断固たる態度であると、高く評価する。その勢いで松陰に手紙を書き、「ああ我れに男子国の称《しょう》ある、うべならずや」とし、来日したアメリカの使節を斬るべきだ、そうすれば戦争になり、平和ボケした日本が覚醒すると息巻いてみせた。

これに対し、松陰は「議論浮泛《ふはん》（上っ面だけ）、思慮粗浅《しりょそせん》、至誠のうちから発する言説ではない」と、徹底した非難の言葉を浴びせかける。

松陰はテロそのものは否定しない。自分もかつてはペリー暗殺を企んだが、和親条約の締結で諦めたとする。しかし、それから二年以上も経た現在では、時機が遅すぎると批判した。

ところが玄瑞は、納得しない。このままでは西洋列強の勢いが増すばかりだと反論する。するとの松陰は、

「今や徳川氏はすでに二虜《にりょ》（アメリカ・ロシア）と和親したのであるから、わが方より断交すべきではない」

とし、日本側から「断交」すれば、国際的な「信義」を失うとする。だから、これからは国内を静かにさせ、条約を厳に守り、「二虜」をつなぎとめておくと言う。その隙に、

「蝦夷（北海道）を墾《こん》（開拓）し、琉球を収め、朝鮮を取り、満州を拉《ろう》し、支那と圧し、印

度に臨み、もって進取の勢いを張り、もって進取の基《もと》を固める」

こうして日本が東アジアを制したら、アメリカ・ロシアよりも優位に立ち、自分たちが思うまま「駆使」することが出来ると言う。いたずらに時宗を真似て外国の使者を殺し、愉快がるような必要はないのだと諭す。

攘夷を実行して西洋列強の外圧を除くため、玄瑞はテロ、松陰は世界征服を唱えて、意見を戦わせた。

それでも玄瑞がアメリカ使節を斬ると言い張るので、松陰は、ではやってみせよと突き放した。

「願わくば足下自ら断じて今より着手し、虜使《りょし》（外国使節）を斬ることを任となせ。僕はまさに足下の才略を拝見しようと思う……ひとつ存分にやって貰いたい」

などと、突っぱねた。そして、アメリカ使節を斬れなければ、その時こそ自分はお前の空虚装扮を責め立てると、詰め寄った。もちろん、玄瑞は使節を斬ることは出来ない。ここで議論に、終止符が打たれる。玄瑞は、松陰の前から姿を消した。

しかし、松陰は玄瑞を内心高く評価していた。そこで安政四年十二月、松陰の強い希望で末妹の文子を、渋る十八歳の玄瑞に嫁がせた。

親兄弟をすべて失っていた玄瑞は、杉家で同居するようになり、松下村塾で松陰を補佐して塾生の指導を担当した。義兄となった松陰は大いにこれを喜んだ。

松陰は玄瑞を「防長年少中第一流」とまで、称賛するようになる。

高杉晋作の入門

玄瑞につづき、松陰の門を潜ったのが高杉晋作だった。天保十年生まれの晋作は、松陰より九歳年少、玄瑞より一歳年長である。晋作と玄瑞は、少年のころ、共に城下の吉松淳蔵が主宰する寺子屋で学んだ仲だった。

高杉家は戦国の昔から毛利家に仕える譜代の臣で、家格は大組（馬廻り・八組）、幕末の家禄は二百石である。代々、藩主の側近を輩出した名門で、城下の菊屋横町に屋敷を構えていた。

晋作の人生にとり、大きな転機となったのは、十六歳の安政元年一月、江戸に赴いたさい、くしくもペリー再来を体験したことだ。日本に迫り来る外圧に対し強い危機感を抱き、難解な兵学書である星野常富『武学拾粋《ぶがくじゅうすい》』を読んだり、剣術稽古に励んだりした。その後、萩に帰った晋作は藩校明倫館に通いながら、自分の進むべき道を模索し続け、剣術（柳生新陰流）に熱中し、武人を気取った。まだ、剣の力で外圧が撥ね付けられると信じられていた時代でもある。

やがて安政四年、十九歳になった晋作は、松下村塾の門を叩く。後年、晋作は入門当時のことを次のように述べている。


「某《それがし》少にして無頼撃剣を好み、一箇に武人たらんと期す。年はじめ十九、先師二十一回猛士（松陰）に謁す。はじめて読書行道の理《ことわり》を聞く」（『投獄文記』）

だが、松陰は入門して来たばかりの晋作を、学問が未熟だと感じたという。さらには、自分流に物事を解釈する悪癖があるのも気になった。だが、松陰は晋作を「有識の士」だと見た。本気で学問をさせたら天性の才に磨きがかかり、素晴らしい人物になるに違いないとも感じた。そこで松陰は、晋作の玄瑞に対するライバル意識を煽《あお》り、発奮させようとした。何かにつけて、晋作がいる前で玄瑞を誉めた。傍らで見ている晋作は内心面白くない。ひそかに猛勉強を始めた。

すると晋作の学力はみるみるうちに伸び、議論は卓越したものとなってゆく。塾生たちから一目も二目も置かれる存在へと、急成長を遂げた。

さらには松陰も、何か物事を決める時には、晋作の意見を重視するまでになった。このようにして晋作は、松下村塾の中で玄瑞と並び称される存在になる。

さらに松陰は、二人を互いに認めさせ、親友にさせた。晋作は玄瑞のことを「当《と》世《う》無《せむ》比《ひ》」と評し、玄瑞は晋作の「識」にはかなわないと絶賛する。松陰は晋作に「天下にはもとより才ある人間は多い。しかし唯一、玄瑞は失うな」と、釘を刺す（「高杉暢夫を送るの序」）。

ある時、桂小五郎が、晋作が他人の言を容れない「頑質」だから、一言注意してやって欲しいと松陰に頼んだことがある。

だが松陰は、晋作の頑質を好意的に解釈していた。妥協を許さない、ひとつの個性であると見ていた。みだりに矯正しては、ひとかどの人物にはなれない。それに松陰が知るところ、晋作はたとえ他人の言を容れなくても、決してその言を捨ててはいなかった。

高杉晋作

久坂玄瑞

だから安政六年二月十五日、桂にその旨を書簡で知らせ、自分が十年後に何かを行う時は、晋作に相談するだろうとまで述べ、納得させた。このように松陰は門下生一人一人の個性を見抜き、それを尊重するところから指導を始めた。優れた教育者としての顔である。

第四章 肉体が亡んでも……

志はすべての源

武士の心得を説いた『士規七則《しきしちそく》』の最後で松陰は、

「志を立てて、もって万事《ばんじ》の源《みなもと》となす」

と述べている。立志こそが、人生の出発点だと言う。渡辺蒿蔵《こうぞう》の回顧談にも、次のようにある。

「先生から何の為《た》めに学問するかと問われたる事を記憶す。先生曰く、学者になるのはつまらない、学者になるには本を読みさえすれば出来る、学問するには立志という事が大切であると」

松陰が好んだ孟子は、人間は道徳的素質が先天的に備わって生まれて来るとの「性善説」を主張した。天から授かった私利私欲の無い真っ白な心で、一体自分がこの世で何が出来るのか、何を成すべきなのかを考えるのが、志を立てることなのだ。

そして松陰自身の志は、

「聖賢の心を存して忠孝の志を立て、国威を張り、海賊を滅ぼす」

であると、楠木正成を論じた『七生説』の中で述べている。

天皇を核とする国体を護持し（尊王）、海外に勢力を拡げ、西洋列強の外圧を除く（攘夷）のだ。

さらに松陰は、どのような逆境に置かれても、志を貫こうとした。そのためにはたとえ「狂」の誹《そし》りを受けても構わないと、覚悟している。他人から理解されない「狂」は、むしろ崇高な境地なのである。

松陰の影響を受けた門下生たちも、号などに「狂」の文字を好んで使った。高杉晋作は「東行《とうぎょう》狂生」、桂小五郎は「松菊《しょうぎく》狂夫」と署名した遺墨が伝わる。冷静沈着で知られた山県有朋も幕末の一時、「山県狂介」と称し、「素狂《そきょう》」と号していたほどだ。

ハリスの来日

松陰は松下村塾で後進の育成に当たっていた頃、国体護持が危ぶまれる問題が起こった。日米修好通商条約の締結をめぐり、朝廷と幕府が対立を始めたのである。

アメリカのペリー提督と幕府の間に安政元年（一八五四）三月、締結された日米和親条約は、肝心の自由貿易については触れていない。しかし、調印十八カ月後に、アメリカ領事館を伊豆下田に置くことは決められていた。このため安政三年、アメリカから初代駐日総領事として、タウンゼント・ハリスが伊豆下田に着任する。

ハリスはまず、下田の玉泉寺をアメリカ領事館とし、つづいて江戸に出て幕府と自由貿易を骨子とした条約締結の交渉がしたいと執拗に望んだ。

翌四年十月、念願かなって江戸入りしたハリスは、九段坂下の蕃書調所《ばんしょしらべじょ》（幕府の洋学研究所）を宿舎とする。そして、十三代将軍徳川家定に謁見《えっけん》して大統領の親書を渡した後、幕府要人たちに世界の情勢を説く。ハリスはその頃、清朝中国でアロー号事件（第二次アヘン戦争）が起こり、イギリス・フランス軍が広東を占領したとの情報を巧みに利用し、幕府側の危機感を煽った。

幕府要人たちも、ここまでくると日本だけが国際社会の中で孤立して生きてゆけるとは思っていない。そのため安政五年二月の終わりには、自由貿易を骨子とした日米修好通商条約の案がほぼまとまって来る。

ところが幕府は最終段階になり、調印を渋った。調印には天皇の許可「勅許《ちょっきょ》」が必要だと言い出す。

従来なら、大政を委任されている幕府が内政も外政も、独断で決めて来た。寛政三年（一七九一）の外国船取り扱いにせよ、文政八年（一八二五）の外国船打ち払い令にせよ、すべて幕府が決めたものだった。

にもかかわらず今度は、挙国一致で「開国」したと、内外にアピールしようとした。「征夷大将軍」の任命者である天皇のお墨付きを得ようとしたが、これがとんだ薮蛇《やぶへび》となってしまう。

開国の「勅許」を求めて

安政五年二月、幕閣の最高実力者である老中堀田正睦《ほったまさよし》は京都に上り、朝廷に条約調印の「勅許」を求めた。当初、幕府は勅許など、形式的なものと考えていたようだ。

ところが、孝明天皇は鎖国が祖法であると信じている。さらに、西洋列強が侵略的な意図を抱き、日本に接近していると考えているから、勅許は下りなかった。松陰は二月二十八日、京都滞在中の久坂玄瑞に宛てた手紙で「神州を維持すること方今《ほうこん》の急務なり。天朝（朝廷）の御中興も征夷（幕府）の御中興も此《こ》の辰《とき》なり」と、いまが日本にとっての正念場なのだ、と言う。

ところが、堀田が江戸に戻って来た三日後の四月二十三日、将軍徳川家定が彦根藩主井伊直弼《なおすけ》を「大老」に任命し、事態は急展開する。大老とは幕府政治の全般を統括する最高職だが、常置ではない。非常時のみに置かれる特別職であり、徳川幕府が始まってからでも、十三名を数えるだけであった。

大老となった井伊は、それまでの懸案を片付けてゆく。

まず六月十九日、勅許が無いまま、日米修好通商条約に調印した。井伊はあくまで勅許が必要と考え、引き伸ばしを考えていた。国学を修めた井伊は勤王の志あつく、孝明天皇からも信頼されていた。ところがハリスとの交渉を担当する岩瀬忠震《ただなり》と井上清直が、現場判断で調印してしまう。井伊は、自分がすべての責任を負う覚悟を決めた。

次に六月二十五日、将軍後継者に井伊みずからが推す、紀州藩主の徳川慶福《よしとみ》(のち家茂《いえもち》)を決定させた。井伊にすれば、本来幕政に参加出来ない水戸藩や外様大名ら「有志大名」が、将軍後継候補として推す一橋慶喜《ひとつばしよしのぶ》を斥けることで、幕府内の秩序を護ろうとする。

勅許無しの調印に抗議した前の水戸藩主徳川斉昭や尾張藩主徳川慶勝《よしかつ》らに謹慎を命じ、政敵だった一橋派の土佐藩主山内豊信《とよしげ》や宇和島藩主伊達宗城《むねなり》らも失脚させた。さらに川路聖謨《かわじとしあきら》や岩瀬忠震など開明派の官僚たちも一線から斥けられてゆく。

将軍を討て

日米修好通商条約は自由貿易を骨子とし、神奈川・長崎・箱館・新潟・兵庫の開港、江戸・大坂の開市、アメリカ人の遊歩範囲（十里以内）を限定、協定関税、アヘン輸入禁止などを合意した。

ただし条約は関税自主権を否定し、領事裁判権を想定するなど、日本にとり不利な一面もあり、禍根《かこん》を残す。しかも開港地はすべてが天領（徳川直轄地）で、貿易の利益を幕府が独占する仕組みになっていたことも、後に諸大名の反発を招くことになった。

つづいて幕府はオランダ・ロシア・イギリス・フランスとも同様の条約を結ぶ。これを「安政の五カ国条約」と言う。孝明天皇は憤慨し、一時は「退位」までも口にする。この、勅許無しの条約調印を機に、官民双方から井伊政権に対する不満が噴出した。

萩で情報を集めた松陰は、幕府が西洋列強の外圧に屈したあげく、条約を締結したと見た。そして、このままでは国体が護持出来ないとの危機感を抱く。

そこで松陰は安政五年七月十三日、「大義を議す」と題した意見書をしたため、藩に提出した（『戊午幽室文稿』）。その巻頭では、

「墨夷《ぼくい》（アメリカ）の謀《はかりごと》は神州の患（災難）たること必せり。墨使（ハリス）の辞は神州の辱《じょく》たること決せり」

と、アメリカに対する敵意を剥き出しにする。つづいて、「ここを以て　天子（孝明天皇）震怒し、勅を下して墨使を絶ちたまふ」とも言う。アメリカの要求を拒否するのが天皇の方針だったにもかかわらず、幕府は従うことなく、アメリカに対してへつらったのだと非難する。

それは松陰に言わせれば「国患を思わず、国辱を顧みず」であり、「征夷（将軍）の罪」なのだ。ならば「大義」に基づいて、「討滅誅戮《とうめつちゅうりく》」しても良いとの理屈である。少しも許す必要は無いのだとも、説く。

「征夷は天下の賊なり。今措《お》きて討たざれば、天下万世それ吾れ何とか謂《い》わん」

ついに松陰は、討幕を宣言した。いま、将軍を討たなければ、後世の者たちから自分たちが非難されるとし、

「義を正し、道を明かにし、功利を謀らず。これ聖賢の教えたるゆえんなり。勅を奉ずるは道なり、逆を討つは義なり」

とまで言う。ただし、これ程まで過激な言葉を並べながらも、松陰はなお幕府に対し期待していた。

長州藩の役割は、断然立ちあがって「大義を天下に唱え」ることであるとし、「億兆の公憤（世論）」に拠るという。忠告して将軍を勅に従うよう勧めるのだ。朝廷も「未だ必ずしも軽々しく征夷（将軍）を討滅」したりはしない。もし、将軍が「悔悟《かいご》」したなら、過去の罪を問い詰めたりはしないとも言っている。

安政の五カ国条約締結から、松陰の過激の度が一気に増す。

「安政の大獄」始まる

これ以上、井伊政権が暴走するのを恐れた孝明天皇は安政五年八月八日、幕府と水戸藩に「勅」を下してブレーキをかけようとした。これが、「戊午《ぼご》の密勅」だ。戊午はこの年の干支である。

勅の内容はまず、条約締結につき軽率な行いであると痛烈に非難する。また、徳川斉昭らへの処分は納得し難いとし、三家（尾張・紀伊・水戸の各徳川家）、三卿（田安・一橋・清水各家）、家門（徳川宗家の親族）、列藩を集めて「一同群議《いちどうぐんぎ》評定《ひょうじょう》」（大名会議による合議制）による幕府政治を実現するよう求めた。

ついに天皇が、幕府政治に具体的に介入したのだ。

三家のひとつとはいえ、水戸藩という一大名に、幕府の頭上を越えて勅が下るだけでも前代未聞である。その後、尾張・越前・加賀・薩摩、そして長州など十三藩にも勅書の写しが届けられた。ところが、さすがに立ち上がる藩は無かった。長州藩などは鎖国的な攘夷は不可能だと、朝廷の説得にまわったほどである。

衝撃を受けた井伊は水戸藩に圧力をかけ、勅の効力を封じ込めて、力任せの反撃に出る。九月には老中間部詮勝《まなべあきかつ》を京都に送り込んで、反対派弾圧を始めた。これが、いわゆる「安政の大獄」である。

◉「安政の大獄」で捕えられる「志士」たち（『三条実美公履歴』）

まず、在野の「志士」である梅田雲浜《うめだうんぴん》と梁川星巌が、朝廷に働きかけて条約勅許を妨害した「悪謀」の元凶とみなされた。しかし梁川は捕縛直前の九月二日、七十歳で流行のコレラで病死したため、「死（詩）に上手」と揶揄《やゆ》された。

九月七日には、若狭小浜《わかさおばま》出身の浪人学者である梅田が京都で捕らえられ、投獄された。ついで、密勅降下に関わった水戸藩士やその関係者などが次々と捕らえられた。

左大臣近衛《このえ》忠熙《ただひろ》、右大臣鷹司《たかつかさ》輔熙《すけひろ》、前内大臣三条《さんじょう》実万《さねむつ》など、一橋派に与《くみ》した公卿も次々と処罰され、青蓮院宮《しょうれんいんのみや》朝彦親王《あさひこしんのう》も謹慎に処された。これらの処罰は、政治的発言力を増しつつあった朝廷に対する見せしめの意味もあった。

さらに「有志大名」たちも、厳しい処罰を受ける。徳川斉昭は水戸で永蟄居、一橋慶喜、徳川慶勝、松平慶永《よしなが》、山内豊信、伊達宗城らは隠居謹慎を命じられた。井伊に反撃するため、京都での挙兵を考えていた薩摩藩の島津斉彬は安政五年七月十六日、鹿児島で病死した。

松陰と井伊大老

かつて松陰は井伊直弼が彦根藩主になり、お国入りしたさい、出迎えた民たちを哀れみ詠んだ歌を知り、感激した。嘉永四年（一八五一）九月二十三日付の兄梅太郎あての手紙に、わざわざその歌を書き写し、知らせている。

掩《おも》ふべき袖の窄《せま》きをいかんせん行道しげる民の草ばに

恵まではあるべきものか道のべに迎ふる民のしたふ誠に

松陰は「実に人君の歌と一唱三嘆感涙にむせび」と述べているから、井伊に対してかなりの好意を抱いていたことが、察せられる。先述のように井伊は国学に通じ、勤王の志あつい人物であった。松陰はそのことも、おそらくは知っていただろうから、同志的なシンパシーを抱いていたかも知れない。

だから松陰は、勅許無しの条約調印などの首謀者は堀田正睦と紀州藩附家老《つけがろう》の水野忠央（土佐守）であり、かれらが井伊や間部を操っているに違いないと、安政五年八月ころは考えていた（「幽室憶度」『戊午幽室文稿』）。そして、これからの心得として、

「只々公明正大、十字街を白日に行き候如くにて天命に叶《かな》はば成《な》るべし、叶はずば敗るべし」（安政五年八月ころ、久坂玄瑞あて松陰書簡）

と述べている。

こうした局面を、松陰は暗殺により打破しようとした。九月九日には江戸に在った門下生松浦亀太郎に発した手紙では、

「一人の奸猾さへ仆《たお》し候えば天下の事は定まり申すべく候」

と、水野暗殺を指示する。暗殺が時流を作ると松陰は信じていた。ただし、松浦は実行に

移さなかった。

もっとも、井伊は松陰が考えていたような人物ではない。熱心な勤王家だったのは確かだが、幕府政権を護るためには冷徹な政治家になり切れる人物でもあった。そのことは江戸から帰って来た桂小五郎の情報などから、松陰も理解するようになってゆく。

十月終わりころ、「安政の大獄」に対する反撃として、尾張・水戸・越前・薩摩藩が連合して、暗殺により井伊を除こうとする動きが起こっており、長州藩にも協力を求めているとの噂が松陰の耳に入って来る（十一月二日、生田良佐あて松陰書簡・十一月四日、増野徳民あて松陰書簡・十一月六日、周布あて松陰書簡など）。

実際はまだ、四藩の連合などは行われていないのだが、いかにもありそうな話であり、松陰は真に受けた。

間部詮勝暗殺計画

松陰は、長州藩がいまから井伊暗殺に加わっても、手柄は先に動いた四藩に奪われてしまうと考えた。このため長州の自分たちは、「安政の大獄」の指揮を執る老中間部詮勝を暗殺すると唱える。

安政五年十月末、長州須佐《すさ》（現在の萩市）の郷校《ごうこう》育英館で学頭を務める小国剛蔵（家老益田家の臣）にあてた手紙には、

「死を畏《おそ》れざる少年三、四輩《はい》、弊塾《へいじゅく》まで早々御遣《つか》わし然《しか》るべく候」

とある。死んでも良いと言う少年を、松下村塾まで寄越して欲しいと頼むのだ。

十一月になると、松陰は十七名の門下生から暗殺計画への賛同を得る。うち、姓名がはっきりしているのは岡部富太郎・作間（寺島）忠三郎・有吉熊次郎の三名であるが、他に時山直八・佐世八十郎（前原一誠）・久保清太郎（断三）・増野徳民・品川弥二郎・福原又四郎なども加わっていたと考えられている（玖村《くむら》敏雄『吉田松陰』昭和十一年）。

松陰はかれらと上京し、間部と内藤豊後守を暗殺して来ると、周布政之助《すふまさのすけ》に十一月六日付の手紙で知らせた。また、同じ手紙では、自分たちの行動の意義を、次のように述べている。

「御当家勤王の魁《さきがけ》つかまつり、天下の諸藩に後《おく》れず、江家（毛利家）の義名末代に輝かし候様つかまつりたく存じ奉《たてまつ》り候」

同じ日、藩重役の前田孫右衛門にも手紙を発し、

「クーボール（連射砲の一種）三門・百目玉筒五門・三貫目鉄空弾二十・百目鉄玉百・合薬

五貫目貸し下げの手段の事」


と、暗殺に使用する武器を藩から借用したいと申し入れた。

翌七日には同志の土屋矢之助（蕭海《しょうかい》）に、軍資金百両を「市井義侠の人」を説得して集めて欲しいと、手紙で依頼する。防長二州に住む六十万人の士民が、

「一、持重論家
一、一命を擲《なげう》つ人
一、金穀器械を募る人」

の三つに分かれて、「尽力」する時なのだと言う。

神国の幹

驚いた周布政之助は安政五年十一月二十九日、藩主に請うて「学術不純にして人心を動揺す」を理由に、松陰に厳囚（自宅謹慎）の命を出させた。

つづいて十二月五日、藩は松陰の父杉百合之助に借牢願いを出させ、野山獄に投じようとする。

すると門下生の吉田栄太郎・作間忠三郎・入江杉蔵・佐世八十郎・岡部富太郎・福原又四郎・有吉熊次郎・品川弥二郎が、師の罪状を問うとして、夜中にもかかわらず周布・井上与四郎の屋敷に押しかけた。しかし二人とも面会を拒否したので、門下生八人は城下を騒がした罪により、それぞれ自宅で謹慎に処される。

松陰は十二月八日、小田村伊之助・久保清太郎あて書簡で、世の中には「真勤王・偽勤王」があり、自分や同志たちは「真勤王」だと言う。だから「偽勤王」の忌諱《きい》に触れ、このようになったとし、

「真勤王ことごとく斃《たお》れ候時は、偽勤王は残らず真賊軍に相成るべく」

とも言う。

このころの松陰にとって気がかりだったのは、父が病の床にあったことだ。それでも父は松陰に、獄に下るよう勧めた。しばらくすると父の病状も落ち着いたため、強い不満を抱きながらも、十二月二十七日、松陰は獄に下る。

そのさい、松陰が門下生たちに残した詩がある。

宝祚《ほうそ》天壌《てんじょう》と隆《さかん》に

千秋《せんしゅう》其《そ》の貫を同じうす
如何《いかん》ぞ今の世運《せうん》
大道靡爛《びらん》（ただれること）に属す
今我れ岸獄《がんごく》に投じ
諸友半《しょゆうなか》ば難に及ぶ
世事言うべからず
此の挙施《かえ》って観するべし
東林は季明に振い
太学は衰漢を持す
松下陋村《ろうそん》と雖《いえど》も
誓って神国の幹《みき》とならん

「諸友半ば難に及ぶ」は松陰救済のため奔走し、藩から処罰された八人の塾生のことだ。「東林」「太学」は共に衰えた時代に登場した中国の義党であり、松下村塾と重ねている。そしてとくに、最後の二句に込められた松陰の思いが強烈だ。ちっぽけな松本村を必ず、神国日本の「幹」にしてみせると宣言する。

松陰を諫止する

松陰から老中暗殺計画への賛同を求められた在江戸の久坂玄瑞は驚き、ただちに同志たちと協議する。そして安政五年十二月十一日、高杉晋作・飯田正伯・尾寺新之丞《しんのじょう》・中谷正亮と連署し、松陰を諫止《かんし》する手紙を書き送った。

玄瑞らは松陰の言動を「正論」と認めながらも、情勢が大いに変わったと説く。諸藩は鉾《ほこ》を納めて傍観し、将軍宣下も済み、一応世の中も静まっている時に行動を起こせば、かえって藩主に迷惑がかかると諭す。

しかし幕府役人が増長し、有志や諸侯を罰したり、交易を開いたりすると世間も黙っていないだろうから、それまで自重するよう求める。最後に「同志中熱血の瀝《したた》る所に候えば、よくよく御熟察こいねがい奉り候」とし、各人署名の下に花押・血判を添える。

この、血判つきの手紙を読んだ松陰は安政六年一月十一日、某あての手紙で、

「江戸居の諸友久坂・中谷・高杉なども皆僕と所見《しょけん》違うなり。その分かれる所は僕は忠義をするつもり、諸友は功業をなすつもり」

と、憤慨している。

松陰に言わせれば「忠義」は人の道に根差した王道であり、「功業」は覇道《はどう》に通じる、政

治的なものなのだ。

同月十九日、門下生岡部富太郎にあてた手紙でも、玄瑞らに対する失望を次のように述べる。

「中谷・高杉・久坂等より観望の論申し来り候。皆々僕が良友なるにその言かくの如し。殊《こと》に高杉は思慮ある男なるに、しかいうこと落着に及び申さず候。皆々ぬれ手で粟をつかむつもりか」

そして二十四日から、松陰は絶食に入ると宣言した。死生を天に判断してもらうのだと言う。

そのことを知った松陰の母は食べ物に添えて、情愛に満ちあふれた手紙を差し入れた。父や叔父の玉木もまた、手紙を寄せた。

これに感じた松陰は二十五日は水一杯と干し柿を口にして、二十六日に絶食を止めている。

大原三位下向策と伏見要駕策の失敗

松陰は安政五年九月二十七日に著した『時勢論』の中で、数百年前の鎌倉幕府打倒に現在の情勢を重ねる。孝明天皇が後鳥羽・後醍醐両天皇を目標として覚悟を定めれば、楠木正成・新田義貞・児島高徳・菊池武重のような忠臣が出現すると言う。松陰は長州藩が先頭に立ち、西日本を中心に幕府に対抗出来るだけの政治勢力を築こうと考えていた。

もちろん松陰も自身に、それ程の影響力があるとは思っていない。そこで玄瑞らも京都で接触したことがある、公卿の大原重徳《しげとみ》を皇室とのパイプ役として注目した。松陰は天皇に勅を出してもらい、大原とその世子実重を長州藩に迎えて挙兵しようと画策する。いわゆる「大原三位下向策《おおはらさんみげこうさく》」だが、計画は京都に送り込んだ数名の門下生から漏洩して、失敗に終わった。

その後、獄中で松陰は「伏見要駕策《ようが》」に熱中する。参勤する藩主毛利慶親の駕籠を脱藩した門下生十名が伏見で待ち受け、大原重徳を擁して京都に入り、勅を手に入れて幕府の失政を正そうというのだ。

この「伏見要駕策」は一月半ばに来萩した播磨《はりま》浪人大高又次郎・備中浪人平島武次郎の提案で、「大原三位下向策」が頓挫《とんざ》したさい、大原側から代案として示されたという経緯もあった。それだけに、松陰は期待する。

ところが門下生たちの多くは、動かない。久坂玄瑞は二十三日、松陰に手紙を書き、門下生を代表して「伏見要駕策」に反対する。これに対し松陰は、

「中谷・久坂其の外《ほか》有志の輩観望持重《はいかんぼうじちょう》にて僕を挫折する事、一言耳に入れば血肉忽《たちま》ちに滅

ず」

と、某宛ての手紙で、またも憤慨した。

結局、大原らは時期尚早として話に乗らず、松陰の計画はすべて頓挫した。最後まで松陰に従った入江杉蔵（九一）・野村和作（靖）兄弟は、城下の岩倉獄に投ぜられてしまう。松陰は四月九日（カ）、岡部富太郎にあてた手紙に、

「諸友かかる大機会を態《わざ》と取外《とりはず》し、今公（藩主）の勤王をさせぬなれば、僕どうも何如に思うても胸がなが（凪）ぬではないか」

とし、藩主が天皇と結び付き、国政に参加する好機を逃したと悔しがる。

獄中で孤立する松陰は「草莽崛起《そうもうくっき》」を唱えるようになった。「草莽」とは在野に埋もれているような、有志の人を指す。松陰の場合、普段は政治に直接参加出来ない下級武士のことであろう。

松陰は草莽崛起の人の出現を待つと述べていたが、やがて自身が草莽崛起の人であると認識するようになる。そのため生きて獄を出、十年、あるいは十五年後に草莽崛起の人となって死んでみせると決意する。

武士にとり、主君に徹底して服従するのも忠義だが、命がけで諫《いさ》めるのもまた忠義である。松陰は藩主を尊王攘夷に導くため、「諫死《かんし》」の道を選ぼうとする。

野村にあてた手紙に、

「恐れながら天朝も幕府、吾が藩も入らぬ。只だ六尺の微躯《びく》が必要」

とぶちまけたのも、このころだった。

江戸へ送られる松陰

老中間部詮勝は安政六年三月十五日、江戸へ帰り、幕府は「安政の大獄」で捕らえた者の審問を進めた。

そして幕府は四月二十日、松陰を江戸に送るよう長州藩主に内命を出す。この命を伝えるため、藩士長井雅楽《うた》と小倉源右衛門が相次ぎ帰国した。萩に到着した長井は五月十四日、杉梅太郎を通じて、獄中の松陰に江戸召還を知らせる。

松陰も周囲の者も、老中暗殺計画が発覚したと思った。だから松陰は、裁きの場で積極的にみずからの「正義」と「至誠」に基づく所信を披瀝《ひれき》する機会にしたいと覚悟した。多くの門下生は驚き、獄に松陰を訪れて別れを告げた。松陰の『東行前日記』五月十五日の条には、

「夜、家兄・村士毅（小田村伊之助）・思父（品川弥二郎）・実甫（玄瑞）相続いで至る」

とある。

いよいよ出発するにあたり松陰は入江あての書簡で、今後のことは久保清太郎・玄瑞と力を合わせて行うよう、また、そのうち晋作や佐世も帰国するだろうから「同志一塊」となれば強いと励ます。

また、小田村や玄瑞の提案により、松陰の肖像画を松浦松洞が描いた。さらにその上に松陰が賛を加えた。この肖像画は八通書かれたとされるが、肖像の上に賛が加えられたものは現在六幅が残っている（玖村敏雄『吉田松陰』）。

松陰は萩を発つ前日の五月二十四日夜、野山獄から出され、ひと晩だけ松本村の杉家に帰って、家族や門下生との別れを惜しんだ。玄瑞が福川に交渉し、福川は処罰されるのを覚悟の上で、独断で許可したのである。

翌二十五日朝、雨が降る中、松陰は家族や門下生たちと別れの杯を交わし、罪人用の駕籠に乗り込んだ。護送役の番人は三十人という大がかりな行列である。

玄瑞は松陰が萩を発つ前日の二十四日、江戸にいる高杉晋作に漢文の手紙を書いている。

獄中の松陰は痩せて骨張り、髪は乱れて顔を覆うほどだが、死生の間にあっても英気は衰えていないと知らせた。また、晋作・飯田正伯・尾寺新之丞の手紙が届いたことを喜んでいるとし、特に晋作に信頼を寄せているので、江戸に着いたら機を見て面晤《めんご》するよう勧めている。

評定所での松陰

江戸に到着した吉田松陰は安政六年七月九日、幕府の評定所《ひょうじょうしょ》に呼び出され、大目付久貝《くがい》因幡守《いなばのかみ》らの取り調べを受ける。

松陰にかけられていた嫌疑は、二点だった。ひとつは、先に捕らえられていた梅田雲浜との関係を疑われたこと。いまひとつは御所内で見つかった、幕府を誹謗《ひぼう》した落とし文が松陰の筆跡ではないかということ。

それらは松陰にとっては身に覚えのないことであり、嫌疑は晴れてしまう。

老中間部暗殺計画は、発覚していなかった。拍子抜けした松陰は、奉行らと話すうち、自分は死罪に相当する罪を二つ犯していると口を滑らせる。大原三位下向策と老中間部「襲撃」計画だが、奉行は特に後者に興味を示し、じっくりと追及して来た。

結果、松陰の国を思う誠意を認めながらも、「公儀を憚《はばか》らぬ不敬の者」とし、その日のうちに伝馬町獄の西奥揚屋入りを命じられてしまう。

当時、江戸遊学中の高杉晋作は、獄中の松陰に金銭（牢名主に贈るもの）や筆、紙、書籍などをひそかに差し入れた。面会は出来なかったようである。獄中の松陰から晋作にあてた

手紙が、『吉田松陰全集』に十五通収められている。その中には、

「死は好むべきにもあらず、また憎むべきにもあらず」

云々という、晋作の死生観に影響を与えたとされる一節もある。松陰は肉体が生きていても志が死んでいたら意味がなく、逆に志が残るのなら肉体は亡《ほろ》んでも良いのだと、諭した。そして「生死は度外におきて、ただ言うべきを言うのみ」と、自らの決意を示す。

また、松陰は安政六年八月十三日、玄瑞・久保清太郎に手紙を書き、評定所での取り調べがひと月も無いことを知らせ、奉行が本腰を入れたら自分は「腹一杯天下の正気を振るうべし」と意気込む。

松陰処刑される

その後、取り調べは九月五日、十月五日に行われたが、奉行の態度は穏やかだった。そのため松陰は処分は死罪でも遠島でもなく、他家預けか、軽ければ国元に送られ、元どおり塾を主宰出来るのではないかと楽観視するようになる。

帰国が決まった晋作にあてた十月六日の手紙では、これまでの親切に対して感謝の意を述べた後、自分が帰国したら「国（萩）にて拝面すべし」などと言う。また、手紙の末尾には

「万一、首を取られ候はば、天下の好男児、また妙（良い）。清狂（月性）・口羽（徳祐）に向って好死を語らんのみ、呵々《かか》」

と述べているのを見ても、気持ちに余裕があったことがうかがえる。ちなみに清狂・口羽は先に逝った同志だ。

ところが十月十六日の最後の審理で、奉行の態度が一転して厳しくなった。読み上げられた口書には「公儀に対して不敬の至り」などとあり、松陰は死を覚悟せざるを得なくなる。

そこでまず、十月二十日、「諸友に語《つ》ぐる書」と題した門下生あての手紙を書く。つづいて十月二十五日から翌二十六日にかけ、『留魂録《りゅうこんろく》』と題した門下生あての遺書を執筆した。その巻頭には、有名な次の辞世が記される。

身はたとえ武蔵の野辺《のべ》に朽ぬとも留《とど》め置かまし大和魂

自分の肉体は関東の地で滅んでも、その志は門下生の中に残っているとの思いである。また、人間の一生を四季にたとえたのに続き、

◉伝馬町獄処刑場跡に建つ大安楽寺（東京都中央区）

「もし同志の士その微衷《びちゅう》を憐《あわれ》み継紹《けいしょう》の人あらば、すなわち従来の種子未だ絶えず」

と、自分の志の継承を頼む。誰かが継いでくれたら、自分の命（種子）も絶えることはないと言うのだ。

刑場に引き立てられてゆく時、松陰は朗々と声高く、同囚の者たちに向かい「身はたとえ」の辞世と、次の詩を吟じたという。

吾《われ》今国の為に死す
死して君親《くんしん》に負《そむ》かず
悠々、天地のこと
鑑照《かんしょう》、明神に在り

「国」とは「日本」のことであり、そのために自分は死ぬのだと言う。

こうして十月二十七日正午近く（午前十時頃とも）、松陰は伝馬町獄の刑場で斬られた。

ここで、「吉田松陰」という人物の肉体は失われ、二十九年余りにわたる人生は一応終わった（あえて一応と書かせてもらう）。

第五章　松陰の復権

小塚原に埋葬

伝馬町獄において斬に処された「吉田松陰」の神格化は、門下生たちがその遺骸の奪還に成功した時点から始まったと言える。

江戸にいた門下生の飯田正伯・尾寺新之丞は幕府側と交渉し、ひそかに遺骸を引き取った。幕府役人への賄賂が二十両あまりかかったが、それは長州藩政府の周布政之助・北条瀬兵衛が公金から出してくれたという。

後日、飯田・尾寺は萩の高杉晋作・久保清太郎・久坂玄瑞への手紙に、

「この三ケ日間の苦心筆末に尽くし難く候。獄吏と応接問答の一件も事永ければ略す」

と述べている。よほど苦労したようだ。

こうして安政六年（一八五九）十月二十九日、松陰の遺骸は小塚原《こづかっぱら》回向院下屋敷《えこういんしもやしき》常行《じょうぎょう》庵《あん》の墓地に埋葬された。

小塚原は江戸時代初期に設けられた重罪人の刑場で、二百年余りの間に埋葬された遺骸は二十万体以上と伝えられる。白子屋事件のお熊、目黒行人坂火事の放火犯長五郎坊主真秀、鼠《ねずみ》小僧《こぞう》次郎吉《じろうきち》等など名だたる江戸のアウトローたちが、ここに眠っている。

立ち会ったのは飯田・尾寺の他、桂小五郎とその手子である伊藤利介《りすけ》（俊輔《しゅんすけ》・博文）だった。小松緑編『伊藤公全集・三』（昭和二年）に収められた伊藤の伝記によると、四斗樽に詰められて届けられた松陰の遺骸は、次のように埋葬されたという。

「蓋《ふた》を取って見ると、首胴処《ところ》を異にし、髪は乱れて面を掩《おお》い、身体は丸裸で寸布をも止めず、生々しい血液は斑々としてあたりに散点し、目も当てられぬ有様に、四人は悲憤の涙に咽《むせ》びつつ、先ず髪を結い、顔を洗い、体を浄《きよ》め、飯田は黒羽二重の下着を、桂は襦袢《じゅばん》を脱して体に着せ、公（伊藤）は帯を解いてそれに結び、その上に首を載せて回向院の橋本左内の墓の左方に葬り、その上に巨石を据え、二十一回猛士之墓という墓標を建てた」

飯田・尾寺は先述の手紙で「この時、四人の憤恨、遺憾推察下さるべく候」と、無念の思いを述べている。さらに手紙には、松陰が同囚の沼崎吉五郎に託した両親あての手紙や『留

◉小塚原処刑場の跡の石地蔵と題目石（東京都荒川区）

魂録』を故郷に送るなどと述べられている。

　後日墓地の中では最大級という高さ六尺（約一八〇センチ）あまりの自然石の墓碑が、門下生たちにより建てられた。だが、この墓碑は現存していない。万延元年（一八六〇）一月十二日、来島又兵衛あての桂小五郎の手紙に、

「松陰先生の事如何にも忘れ難し。幕より申し来《き》候《そうろう》由《よし》にて、墓石を取り拂《はら》わせ申し候。姦権《かんけん》悪《にく》むべし」

　とあるから、建立《こんりゅう》後間もなく幕府（姦権）の圧力によって取り払われたらしい。幕府は松陰のような者が神格化されるのを、恐れていたのだ。

門下生たちの誓い

安政六年十一月二十八日、玄瑞が岩倉獄中の入江杉蔵にあてた手紙には、

「何も先師の非命を悲しむ事無益《むえき》なり。先師の志を墜《おと》さぬ様肝要《かんよう》なり」

と、その志の継承を誓う一節がある。

萩に帰国した晋作は、江戸にいる藩政府の重役周布政之助に手紙を書き、

「我が師松陰の首、ついに幕吏の手にかけ候の由《よし》」
「仇を報《むく》い候らはでは安心つかまつらず候」

などと、激しく憤っている。あるいは佐世八十郎は、

「先師すでに忠義に死す。余門生たり。遺志を奉じて忠義に死せざれば、何の面目ありて地下に先師に見えん」

と、後継者になる決意を示す。

松陰が処刑されたことで、累は家族にまで及んだ。国もと萩では取り締まり不行き届きとの理由で、父の杉百合之助と兄の杉梅太郎が免官、謹慎に処された。さらに百合之助は隠居を命じられ、万延元年五月に梅太郎が家督を継ぐ。この時の藩からの命令書には、

「吉田寅次郎事、廉々《れんれん》（節々）粗暴の所行これあり、容易ならざる御厄害に立ち至り」

などと、松陰の言動を厳しく非難する言葉が並ぶ。

最後まで松陰に忠実に従った門下生の野村和作（靖）は、自分たちは周囲から「乱民」と呼ばれ、家族までが白眼視されて「惨憺《さんたん》たる月日を送」ったと、後年になり回顧している（『追懐録』）。

松陰の百日祭

玄瑞は祭祀《さいし》を行うことで、自分たちが松陰の志の継承者であるとアピールする。

万延元年一月四日、玄瑞は藩への建言で、松陰処刑からすでに七十日が経つのに、何の申し渡しも無いと抗議した。さらに、

「門人中申し談じ、爰元《ここ》にて法事を営み、墳墓《ふんぼ》を築きたく積もりにござ候」

との計画があることを、知らせる。

二月七日、杉家に遺族と玄瑞・晋作ら門下生たちが集い、松陰の百日祭を行った。同日、護国山中腹に位置する団子岩の杉家墓地に、江戸から届いた松陰の遺髪が埋められた。「石《いし》工《く》某《ぼう》」に注文した墓碑は百日祭には間に合わなかったが、同月十五日になり、「松陰二十一回猛《もう》士《し》墓《はか》」と刻む自然石の墓碑が据えられた。また、墓碑周囲には門下生たちにより石の水盤や花筒、灯籠などが設けられた。それらには「門人」として次の十七名の名が銘記されている。

◉団子岩の吉田松陰墓（萩市）

「久保久清（松太郎）・岡部利済（富太郎）・増野乾（徳民）・佐世一誠（前原一誠）・福原利実（又四郎）・品川日孔（弥二郎）・久坂誠（玄瑞）・松浦無窮（松洞）・伊藤知卿（伝之輔）・入江致（杉蔵）・野村旨緩（和作）・中谷実之（正亮）・高杉春風（晋作）・有吉良朋（熊次郎）・天野一貫（渡辺蒿蔵）・

作間昌昭（忠三郎）・時山済（直八）」

この時期「賊」の烙印が消えていない松陰に連なる者として名を公表することは、かれらの決意表明でもあったと言えよう。

松陰の遺稿編纂

松陰は、「七生滅賊」を誓って死んだ数百年前の楠木正成を崇敬していたことは、先に述べた。

志を持たずに本能のまま生きた小人《しょうじん》は、肉体が朽ちれば終わる、しかし志のために生きた大人《だいじん》は、たとえ肉体が滅んでも、その志は後世に継承されるとの死生観を、松陰は正成から学んだと言っている（『七生説』）。

だから松陰自身も死んだら著作を保存し、出版して欲しいと望む。自分の骨はどこに露《さら》されるか知れないが、文章が保存されるなら道ばたで死んでも構わないとの旨を『東北遊日記』に記す。あるいは、

「遺著を公にして不朽ならしむるは、万行《まんぎょう》の仏事に優《すぐ》る」（「杉民治伝」『吉田松陰全集・十二』）

と、語ったともいう。志のために死ぬのだから、たとえ僧侶に一万回読経してもらったところで、供養にならぬ、著作を出版してくれと言うのだ。

その遺志を継ぐべく、玄瑞はまず松陰の手紙の抄写に取りかかった。安政六年十二月十二日、入江杉蔵が玄瑞にあてた手紙には、松陰の日頃の手紙の中にも捨て難いものが多いから、諸友が所蔵する分も写すよう勧めている。

松陰の年譜作成は、高杉晋作が担当した。前年十二月三日、松陰遺稿の整理に着手し、『松陰先生年譜草稿』『松陰先生著書抜抄』と題した草稿などを作っている（『高杉晋作史料・二』）。晋作は将来的には、松陰全集を編纂しようと考えていた。

少し後のことになるが、玄瑞が六月二十六日、江戸から杉百合之助（松陰の実父、玄瑞の岳父）にあてた手紙に、

「先師遺著紛失つかまつり候よし仰せ越され、誠にもって恐れ入り奉り候。大抵私も帳面に相記し置き候と相考え申し候ところ、右の次第、誠に以て気の毒千万に候」

と述べているように、松陰遺著の目録化も行われた。

しかし玄瑞・晋作ともこの後は多忙になったためか進捗せず、松陰の遺稿収集、整理の事

業は小田村や杉梅太郎が引き継ぐ。僅か三十年足らずの短い生涯だったにもかかわらず、多数の松陰遺稿が後世に伝わったのは、このような関係者の努力によるところが大きい。

玄瑞の横議横行

大老井伊直弼は万延元年三月三日朝、江戸城に上る途中、水戸浪士に襲撃され、暗殺された（桜田門外の変）。勅許無しの開国に対する報復が、「密勅」の降下。「密勅」に対する報復が「安政の大獄」。「安政の大獄」に対する報復が、「桜田門外の変」である。

白昼堂々、幕閣のトップが暗殺されたので、さすがに政局は激しく揺れ動き、以前にも増して攘夷論が叫ばれるようになる。それは、開国により海外貿易が開始されるや輸出過多《かた》となり、国内の物価が急騰し、庶民の台所を圧迫したことと深く関係する。レートの違いから、大量の金が日本から流出したりと、経済も大混乱する。

国体を護持するというイデオロギー的な「攘夷」から、庶民の生活を守るための現実的な「攘夷」へと変わってゆく。

井伊暗殺の直後、長州藩は久坂玄瑞に英学を、高杉晋作に海軍（蒸気科）を学ぶよう命じ、それぞれ江戸へ遊学させた。

だが、晋作は海路江戸に着くなり、海軍は自分には不向きであると諦め、北関東方面を遊歴しながら帰国してしまう（晋作はこの旅を試撃行《しげきこう》と名付けた）。一方、玄瑞は庶民の困窮を見かねて、英学修行そっちのけで、江戸で政治運動に没頭してゆく。

玄瑞は他藩の尊攘派の同志たちと交友し、連携を強めた。開国した幕府を批判し、朝廷の政治化を願い、日本の将来を語り合う。後に「横議《おうぎ》横行《おうこう》」などと呼ばれた活動だ。

江戸時代は、身分の上下による縦社会が基本である。にもかかわらず玄瑞たちは、藩の壁を乗り越え、「志」によって集まる者たちと横の関係を築いてゆく。

次に紹介するのは文久元年（一八六一）一月から七月までの間に、玄瑞が江戸で交流した他国者三十一名の氏名と出身地を、月別に書き出した『骨董録』だ。

「正月　村山介菴　北越。馬島瑞園　会津。
二月　大野謙介　水藩（水戸藩）。朝川寿太郎　平戸藩。三島貞次郎　備中松山。樺山三円　薩摩。
三月　広沢富太郎　会津。深川竜之助　肥前。鷹取尚敬　伊勢。橋口伝蔵、町田直五郎　薩摩。
四月　片岡為之允　水藩。酒泉彦太郎　水戸。山田官司　房州剣客。宇野東桜　播州処士。柴田東五郎　薩人。野口優哉　守山藩。松満新八郎　薩摩。
五月　桜井純蔵、恒川才八郎、滝沢省吾　信州上田。菅鉞太郎　松代。弘田怒助、大石弥太郎、根岸伴七　土州《(ママ)》。

六月　木原万五郎　肥前。池蔵太　土州。木藤市助　薩。玉蟲左太夫　仙台。石原甚十郎　越。
七月　中野方蔵　肥前。」

出身地（あるいは所属藩）に分けて人数を見ると北越一人、会津二人、備中松山一人、肥前三人、水戸三人、平戸一人、薩摩六人、伊勢一人、房州一人、播州一人、守山一人、信州上田三人、松代一人、土佐四人、仙台一人、越一人（順不同）となる。

この時期、玄瑞が最も頻繁に付き合ったのは水戸藩である。それに薩摩藩、土佐藩が続く。さらに後年、長州藩と敵対する会津藩も含まれている。

いずれも譜代ではないから、従来ならば幕府の政治（国政）には参加出来ない。それが幕末の動乱を背景として、発言力を持ち始める。「横議横行」が土壌となって、数年後、薩長同盟に代表される藩同士の連携へと発展してゆく。

松陰らの遺墨

さらに玄瑞は尊王攘夷の「殉難者」である吉田松陰を、横議横行の精神的支柱として祭り上げようとした。

松陰は「安政の大獄」で刑死したとは言え、将軍家のお家騒動にも、戊午の密勅事件にも直接係わっていない。長州藩を「勤王の一番槍」にしようと老中暗殺を企て、「日本」のために死んだのだ。どこかの政治勢力に属していたわけではないから、横議横行の柱とするには都合が良かったのだろう。

玄瑞は、松陰はじめ村田清風・月性・口羽徳祐《くちばとくすけ》ら長州の諸先輩の遺墨を、故郷から取り寄せている。それを江戸に集まって来た諸国の同志たちに見せたり、プレゼントするのだ。そうすることで「長州」や「松陰」への理解を深めてもらおうとした。

玄瑞が文久元年（一八六一）一月二十二日、義兄の杉梅太郎に宛てた手紙には、

「先師（松陰）・月性肖像、杷山（口羽徳祐）遺稿、小柄《こづか》を慥《たし》かに落手つかまつり候」

と、知らせている。同年二月二十六日、梅太郎に宛てた手紙では、松陰の遺墨につき

「書翰《しょかん》にても苦しからず。関係なきもの御送り下さるべく候」

と、とにかく送って欲しいと頼む。同年四月二十一日の梅太郎宛ての手紙には頼んでいた遺墨が届いたと知らせながらも、

「たちまち諸友に奪い去られ申し候。なおまた、別に御不用の遺墨もこれ有り候得ば、追々御送り下さるべく候。片簡断牘《へんかんだんとく》（手紙の切れ端）も人事珍蔵する勢いにこれあり候」

といった、人気ぶりを知らせている。松陰の遺墨が、他藩士たちとのコミュニケーションツールになっていたことが分かる。

たとえば土佐藩の武市半平太《たけちはんぺいた》（瑞山《ずいざん》）などは、江戸で玄瑞から松陰の詩文を見せられ、感激した。文久二年八月には土佐勤王党を組織して政治運動に奔走したが、後年、土佐で投獄された際、松陰に倣ってみずから肖像画を描き、賛を加えた。

江戸における松陰人気は、遺墨を通じて大名クラスにまで波及してゆく。玄瑞の日記三月二十一日の条には芳野金陵《よしのきんりょう》を通じ、越前前藩主松平春嶽が松陰肖像画の借用を申し入れて来たとある。玄瑞は「まことに有難き事と存じ奉り候」と感激する。

松陰改葬許可を求めて

玄瑞ら門下生にとって気掛かりだったのは、松陰が「賊」の烙印を押されたまま、人殺しや泥棒の遺骸と共に小塚原に埋葬されていることだった。

玄瑞は、どこか他処に松陰を移葬したいと望んだ。だが、それには幕府の許可が必要である。

そこで玄瑞は、江戸で知り合った備中松山藩の山田方谷《ほうこく》を頼った。方谷は備中松山藩の財政を建て直したことで名声を得ていた儒学者である。
備中松山藩主の板倉勝静《かつきよ》は当時幕府老中を務めており、方谷はその政策顧問だった。板倉は「安政の大獄」の処分方針に批判的で、大老井伊に睨まれ、安政六年二月、寺社奉行を免ぜられている。井伊没後の文久元年に寺社奉行に復帰し、老中に進んだのだった。三月二十三日、玄瑞は入江杉蔵あての手紙で、

「板倉の山田安五郎（方谷）へ、回向院有志士改葬の事議論置き候ところ、防州侯（板倉）迄は申し達し候よし。併急には相捌《さば》け申すまじくと存じ奉り候」

と、ただちに実現は難しい旨を知らせる。また、五月一日、玄瑞が方谷に送った手紙には、

「志士を盗賊・弑逆《しいぎゃく》の徒と混淆《こんとう》つかまつらせ候事は不本意にこれ有り候えば、何卒御諒察《りょうさつ》願い上げ奉り候」

と、松陰改葬の一日も早い実現を切々と訴えている。もっとも、願いの趣は板倉まで達したものの、許可は下りなかった。

ただ、玄瑞らにとり救いだったのは、藩主たちの松陰に対する思いが変わらなかったことである。七月二十一日、玄瑞が江戸から杉梅太郎に宛てた手紙では、

「御前様（藩主夫人）か、深く先師（松陰）の御感心遊ばされ候事にて、毎々芝の閻魔《えんま》堂にて回向《えこう》これ有り候。本日二十五（日）にも大施餓鬼《おせがき》これ有り申し候」

と、ひそかに松陰の供養を続けていることに、感激している。また、「御前様」が松陰の和歌を見たいと言うので、玄瑞は近日のうちに差し出すつもりだとも述べる。

松陰の復権

長州藩は文久元年三月、藩士長井雅楽が建議した「航海遠略策《こうかいえんりゃくさく》」を藩是《はんぜ》として採用した。これは、公武（朝廷・幕府）が一丸《いちがん》となり、天皇の威光を広めるため、国際社会に積極的に乗り出そうというのだ。

君命を受けた長井は、まず京都に行き、朝廷を説く。「航海遠略策」は、鎖国的な攘夷が不可能であると気づきはじめていた孝明天皇の心をもつかむ。天皇は長州藩主に御製などを与えた。天皇の真意（叡慮《えいりょ》）が開国にあると確信した長井は江戸へ行き、老中安藤信正らを説く。幕府にとっては渡りに船であり、好意的に迎えられる。

ところが「航海遠略策」は、幕府が行った開国を既成事実として認めていたため、藩内外の過激な攘夷論者から激しい非難攻撃を受けてしまう。ここに至り長州藩は、方針転換を余儀なくされた。

こうして文久二年七月六日、長州藩は京都河原町の藩邸で開かれた御前会議において「航海遠略策」を破棄し、「奉勅攘夷《ほうちょくじょうい》」を新藩是とする。たとえ敗れても、叡慮に従い、徹底して攘夷を行うというのだ。長州藩という、巨大組織の松陰化であった。

これを長州藩は、「君臣湊川《くんしんみなとがわ》」の決意とした。かつて、後醍醐天皇の命を受けた楠木正成が、敗れると承知の上で足利尊氏の軍勢と湊川で戦い、「七生滅賊」を誓い戦死したことにちなむ。

つづいて長州藩は、朝廷に叡慮が攘夷である旨を書面で確認した。すでに条約勅許問題のさい、攘夷の叡慮は表に出ている。朝廷としても威厳を保つため、いまさら開国に傾いたとは言えない。含みをもたせながらも、叡慮は攘夷だと回答する。

玄瑞は八月二日、「廻瀾条議《かいらんじょうぎ》」と題した意見書を著し、今後の長州藩の進路を示す。まず、幕府に諸外国との修好通商条約を破棄させるよう進言する。それから松陰の「忠義の魂」を弔うことで、藩内刷新の契機にせよと訴える。

藩内にはまだ、松陰のことを「御厄害を引き出した国賊」と罵る者がいると、玄瑞はくやしがる。そこで「何卒、山岳の御恩旨《ごおんし》を以て、江戸小塚原の遺骸改葬の御都合成し賜るべく候」と願うのだ。そして、これから江戸へ行く藩主世子の毛利定広に「寅次郎の魂を御弔い遊ばされず候ては、御国典《ごこくてん》にこれあるべく候」とまで言う。

松陰を藩の精神的支柱とするためには、その罪を拭い、改葬し、復権させる必要があった。ここに来て改葬は俄然、政治的な意味を強め始める。

ついに、松陰改葬

朝廷は長州藩主世子の毛利定広（広封《ひろあつ》・元徳《もとのり》）に勅《ちょく》を託し、幕府へ届けるよう命じた。勅には「安政の大獄」以来の「国事犯」の罪を赦し、礼葬、復権を許可せよなどと指示されていた。これが受け入れられたら、幕府自らが「安政の大獄」は誤りだったと認めたことになるのだ。

こうした攘夷の機運が高まるのを喜んだ玄瑞は、十月九日、妻文にあてた手紙の中で、松陰らが生きていたら「さぞさぞおどりあがりておんよろこびなされ申すべくと、残念にぞんじまいらせ候」と、感慨深げに述べている。

世子は八月三日、京都を発って江戸へ下り、勅を幕府に届けた。そして幕府は十一月二十八日、国事犯への大赦令《たいしゃれい》を出す。出さざるを得ないほど、朝廷の政治的発言力が高まっていた。

長州藩としては罪を赦される中に、「吉田松陰」が含まれていることが重要である。さっそく、松陰の改葬に取りかかった。しかし、この時期、改葬に最も熱心だった玄瑞は江戸にいない。佐久間象山を訪ねるため、信州方面に出張中だった。そこで玄瑞は江戸にいる桂小五郎と高杉晋作に十二月十九日、旅先から手紙を送り、改葬のことを次のように頼む。

「先師改葬の事、何分にも頼み奉り候。若林に若《し》かず。浮屠《ふと》（僧侶）に託し候ては相叶わず。神葬の式は何卒俊輔・真五など へ御命じ、和学者（国学者）に御尋ね下さるべく候」

玄瑞としては、松陰の慰霊を神式で執り行いたかった。仏教は外来宗教であり、幕府があつく加護していた。尊王攘夷の「殉難者」である松陰の葬儀は、神式でなければならないのだ。

年が明けて文久三年。一月五日、晋作は伊藤俊輔（博文）・堀真五郎・赤禰幹之丞（武人）・山尾庸造（庸三）・白井小助を引き連れて小塚原へ行き、松陰の遺骸を掘り出した。土葬で一千日以上経っているため、遺骸はほとんど骨になっていたという。手伝いのため雇った市兵衛らに骨を洗わせ、茶に包み棺に納めた。

同時に晋作らは、「安政の大獄」で亡くなり、小塚原に埋葬されていた頼三樹三郎（山陽の三男、儒者）と小林良典（公卿鷹司家の諸大夫）の遺骸も掘り出して、改葬することにした。

それから晋作ら一行は新しい埋葬地である江戸の西、荏原《えばら》郡若林村（現在の世田谷区若林）へと向かう。途中将軍しか通れない上野三枚橋（三橋）の中の橋を、晋作が騎馬のまま強引に押し通ったとの逸話がある。天皇権威が、幕府の決めた法よりも上との力関係を示すものだが、当時の史料には見当たらない。後年の創作だろう。

こうして松陰・頼・小林の遺骸は若林村に移された。若林村には長州藩が寛文十二年（一六七二）、万一の場合に備えて求めた抱屋敷（用心屋敷・火除地）と呼ばれる土地がある。毛利家当主が松平大膳大夫と称したことから「大夫山」とも呼ばれていた。

改葬を済ませた晋作は、次のような七言絶句を作っている（『高杉晋作史料・二』（平成十四年）晋作自筆詩書による）。

往事を思うて英魂を慰めんと要す
自ら愧《はじ》ず未だ能く旧冤《きゅうえん》を雪《すす》ぐ能《あたわ》ざるを
墓下に回顧す少年の日
若林村景は猶《なお》松村

晋作は若林村の景色は、松下村塾があった松本村に似ていると言う。同地には明治十五年（一八八二）十一月、松陰神社が建立され、現在に至っている。

教科書になる松陰著作

理不尽な権力に立ち向かい、生命を散らした者を、物言えぬ弱者の庶民が「世直し」のアンチヒーローとして神格化し、崇めたという例は古今東西枚挙に暇がない。

しかし、吉田松陰の場合は萩や長州の庶民によって祭り上げられたわけではない。長州藩という巨大組織が、「奉勅攘夷」という藩是を推進するため、精神的支柱として据えたのである。その神格化は政策とセットになっており、きわめて政治的だった。

罪が消され、改葬が済むと、長州藩内では松陰の復権が急ピッチで進む。

文久三年一月十七日、松陰に連座していた父百合之助を再び官に就けた。

四月一日には兄梅太郎に、松陰の著作を集め、藩校明倫館に差し出すよう命じた。生徒たちに読ませ、「尊王士気」を「鼓舞」するのが目的である。

つづいて二日には、取り潰されていた吉田家が再興され、梅太郎の長男小太郎が継ぐ。

松下村塾で松陰に師事した山県小輔（有朋）・品川弥二郎・杉山松介・伊藤俊輔・野村和作・吉田栄太郎（稔麿）ら「卒」の下級武士たちが、「士分」に昇格する。松陰に師事し、「尊王攘夷の正義を弁知」したというのが、その理由だ。

かつては松陰や門下生を「乱民」と呼び、白眼視して来た地元萩の人々が、急に態度を変えて擦り寄って来たと、野村は後年述べている（『追懐録』）。

八月十八日の政変

松陰の改葬が行われた文久三年前半の長州藩は「奉勅攘夷」を藩是として掲げ、天皇権威を背景に快進撃を続けた。

久坂玄瑞らは京都に上り、国事掛の三条実美ら急進的な攘夷論を唱える公卿らと結び付く。三月には上洛した将軍徳川家茂を、攘夷祈願のための加茂行幸に従わせた。つづいて家茂に、「五月十日」を攘夷実行の期限とすると、孝明天皇に誓約させる。すでに開国していた幕府は、追い詰められてゆく。

五月十日になると玄瑞たちは、本州最西端の下関（馬関・赤間関）の砲台から、眼前の関門海峡を通航するアメリカやフランスなどの艦を砲撃し、気炎を上げた。しかし六月になると、フランス軍艦の反撃を受けたりしたため、藩主から下関防御の立て直しを命じられた高杉晋作が、奇兵隊を結成した。

こうした攘夷活動に対し、天皇からは褒勅《ほうちょく》が下り、増長した過激派は詰問《きつもん》に来た幕府使節の中根市之丞らを暗殺する。さらに攘夷祈願の大和行幸を行い、その足で天皇による攘夷親征の軍議を開いて、討幕の流れを生み出そうと画策した。

ところが、長州藩の暴走を最も危惧したのは、孝明天皇自身だった。征夷大将軍でもない長州藩が攘夷を行うのは、秩序の崩壊も意味していた。天皇の真意は中川宮朝彦親王（かつ

◉壇ノ浦砲台跡と関門海峡（山口県下関市）

ての青蓮院宮）を通じ、薩摩藩と京都守護職の会津藩に伝えられる。

その結果、八月十八日に御所内で政変が起こった。大和行幸は中止となり、長州藩を中心とする過激な尊攘派と三條実美ら七卿は、京都政局から追放される。七卿は京都を脱出し、湊川の楠木正成墓所に参った後、海路、長州藩に逃れたため、官位を奪われた（七卿落ち）。

長州藩は、藩主父子みずから天皇の前で弁明したいと望むが、その機会が与えられない。重臣の井原主計が「奉勅始末」と題した弁明書を朝廷に届けようとするが、伏見で止められ、京都入りすら許して貰えないのである。

会津藩主松平容保《かたもり》は、孝明天皇の信任があつい。政変後の十月九日には、「憂患掃《ゆうかんそう》攘《じょ》、朕の存念貫徹の段、まったくその方の忠誠にて深く感悦」云々といった、感謝の気持ちが述べられた宸翰《しんかん》（天皇自筆の手紙）と御製《ぎょせい》が、容保に下された。

政変前の状況に戻るのを恐れた会津藩は、長州藩の復権を阻止し続ける。

楠公祭で祀られた松陰の霊

忠義の対象である天皇に嫌われた長州藩は、それでもなお「君臣湊川」を演じ続けようとする。

その決意を内で確認し、外にアピールするかのように元治元年（一八六四）五月二十五日、周防山口の藩校明倫館において、楠木正成を顕彰《けんしょう》、慰霊する「楠公祭」が営まれた。藩主父子はじめ支藩の長府藩世子毛利元敏《もととし》、徳山藩世子毛利元功《もといさ》も列席するという、藩挙げての大がかりな祭事である。

藩主が祭文を読み、正成が天皇に忠義を尽くしたと称賛した。あるいは学者が『太平記』の楠公賛を講義し、剣術の試合や三兵の調練まで行われた。

この祭事において、楠公とともに松陰の霊が祀られたことは注目すべきである。正成を崇敬する流れと、松陰を神格化する流れが、ここに合流したのだ。

しかも、祀られるのは松陰ばかりではない。長州藩は同時に、藩政改革の功労者である村田清風と、尊攘運動の中で生命を散らせた来原良蔵・山内賢之丞・佐々木又四郎ら十五名の霊を一緒に祀った。その大半は、下級武士である。「奉勅攘夷」という藩是に従い「殉難」すれば、身分に関係無く正成と同じ祭壇に祭られ、藩主までが礼拝し、顕彰《けんしょう》してくれるのだ。誰もが生命と引き換えに、第二、第三の正成になれる可能性が出て来たのである。

この時期、苦境に立つ長州藩としては失地回復のため、命を捨ててくれるような「死士」が、ひとりでも多く欲しい。だから、死者をひとりずつ祭り上げるシステムを設け、士気を高揚させようとする。やがて「殉難者」の祭事が招魂祭《しょうこんさい》として行われるようになり、藩内二十カ所には招魂場が設けられた。招魂場には戦死した兵士たちの「神霊」が祀られた、地域の人々の崇敬を集めてゆく。

この日の楠公祭が持つ意味は大きい。松陰ら殉難者を祀る流れは明治二年の東京招魂場（のち靖国神社）、正成を祀る流れは明治四年の湊川神社（現在の神戸市）創建へとつながるからである。

松陰著作の出版

松陰が復権するや、長州藩では松陰の著作を出版する動きも起こって来る。

最初に出版されたのは、松陰が孫子を解説した『孫子《そんし》評註《ひょうちゅう》』上・下巻だ。上巻の見返しには「文久三年新鐫《しんせん》」とある。しかし宇都宮浪士の広田精一が元治元年四月二十八日、某に

◉『照顔録』（著者蔵）

あてた手紙（渡辺為蔵『維新志士正気集』明治四十三年）には、

「松陰先生孫子評註、近日開板《かいばん》あいなり候えども、私蔵の書ゆえ、いまだ御所持これ無くと存じ進呈候」

とあるから、実際の出版は、もう少し後のようである。ここにある「私蔵の書」とは、幕府非公認のアングラ出版物を意味する。

江戸時代の出版は、幕府が統制していた。大赦令が出たとは言え、幕府から松陰著作の出版許可を得るのは、難しかったのだろう。

つづいて幕末の頃には萩の本屋

である山城屋彦八方から、『照顔録《しょうがんろく》 付坐獄日録《ざごくにちろく》』が出版された。幕府には、もちろん無断である。『照顔録』は「安政の大獄」で江戸に送られる数日前、松陰が日常の読書（おもに中国古典）の中から心に触れた言葉を抄録したもの。巻頭には松浦松洞が描いた松陰の肖像画が木版印刷で掲げられた。おそらく、印刷物で世に紹介された、初めての松陰肖像であろう。

他にも管見の範囲では、慶応三年（一八六七）に出版された『近世小集・第初集』（「菊亭殿蔵梓」の印あり）と題された袖珍本《しゅうちんぼん》（豆本）の中に、後期水戸学の藤田東湖・会沢正志斎の著作とともに、松陰の『照顔録』などが全文掲載されているが、これは現代で言うところの「海賊版」のようなものかも知れない。

松陰の真意ではない

政変によって失った地位の回復を目指す長州藩の軍勢は元治元年六月から七月にかけて、京都近郊の嵯峨・山崎・伏見に布陣した。ところが孝明天皇は、長州藩に退去するよう命じる。

窮した長州勢は武力で松平容保を討つとして進軍し、七月十九日、「禁門の変」あるいは「蛤御門の変」などと呼ばれる戦いを引き起こす。

長州勢は御所付近で、会津藩や薩摩藩の軍勢と激突。久坂玄瑞（義助）・入江九一・寺島忠三郎・来島又兵衛・真木和泉守ら尊攘運動の指導者たちの多くが戦死や自刃して、長州藩は二百人からの味方の遺骸を戦場に残したまま、敗走する。また、戦火により京都の家屋が三万軒、多くの神社仏閣が失われた。

さらに八月になると、関門海峡を封鎖されて貿易の不利益を被った英米仏蘭の四カ国連合艦隊十七隻が下関に襲来した。奇兵隊などが奮戦したが、長州藩はまたも敗北を喫す。講和談判の結果、以後は外国艦通航の安全を保証すること、砲台を新築・修復しないこと、下関で薪水の補給を認めることなどが取り決められた。

戦争を経たことで列強は、長州藩が持つ凄まじいエネルギーを評価する。一方、長州藩でも外国排撃の攘夷は不可能であると悟り、以後西洋列強との友好的な関係構築を模索してゆく。

それはすでに、松陰が唱えていた「尊王攘夷」ではない。松陰が目指したのは、なんと言っても、西洋列強を激く敵視する攘夷だった。

それでも長州藩はひとたび精神的支柱として祭り上げた松陰を、捨てようとはしなかった。本人が死んでいるのだから、為政者たちに都合の良い部分だけを利用すればよいのだ。

長州藩士奥平謙輔《おくだいらけんすけ》は、そんな長州藩のやり方に気付き、冷ややかに眺めていた。「松陰遺稿を読みて感有り」と題された、奥平の次の詩がある（『弘毅斎遺稿』大正十五年。書き下しは松本健一『秋月悌次郎　老日本の面影』昭和六十二年）。

身を致し、誓って、妖気を掃《はら》わんと欲す
一夕夢迷、東海の雲
今日の和親、宿志に非ず
当年の尊攘、嘗《かつ》て聞く所
鷹犬《たかいぬ》を収める為に姑《しばら》く彼を容る
何ぞ料《はか》らん、豺狼《さいろう》の君に反噬《はんぜい》するを
平生相愛の意を諒認し
まさに遺稿を坑焚《こうふん》に付さんと欲す

遺稿を読んだ奥平は、松陰が「妖気」を掃う、攘夷のために一身を投げ出したことを知った。今日、藩が進める西洋列強との「和親」は、松陰の「宿志」ではない。にもかかわらず、過激な攘夷論者たちを宥《なだ》めるため、藩は姑息にも松陰を利用しているに過ぎない。実は貪欲な山犬と猿とが松陰に噛み付き、日常において読書するのを忘れ、まさに遺稿を焚書坑儒《ふんしょこうじゅ》の刑に処しているに等しいのだ。

奥平が言うとおり、このころになると「松陰」の名のみが一人歩きして、その名を使えば、すべて「正義」になってしまうような空気が生まれていたのだろう（現代にもつながる）。

ちなみに奥平は明治元年の戊辰戦争では干城《かんじょう》隊を率いて北越、会津地方を転戦した。越後府権判事として佐渡島に赴任し、諸改革を断行したが、明治二年八月、新政府になじめず下野し、帰郷。明治九年十月、前原一誠らと「萩の乱」を起こしたが、敗れて十二月三日、萩で処刑された。三十六歳。

長州藩が朝敵に

御所に攻め寄せ発砲した長州藩に対し、激怒した孝明天皇は「朝敵」の烙印を押した。「朝敵」となった長州藩主は従四位上大膳大夫、世子は従四位下長門守という官位を奪われる。さらに幕府は、将軍が藩主父子に与えた偏諱《へんき》を奪う。これにより慶親は「敬親《たかちか》」、定広は「広封（のち元徳）」となった。

以後、「朝敵」の汚名を消し、復権することが長州藩の第一目標となる。

天皇は元治元年七月二十四日、幕府に「長州征伐」を命じた。

それと共に、江戸や上方など各地の長州藩邸が、幕府側に没収される。吉田松陰墓所が設けられた若林村の抱屋敷《かかえやしき》も没収され、村に管理が託された。村側は敷地内の立木に注目し、その多くを売却する。墓所も破壊されて、石材として十両ほどで世田谷村水車などに売却された（墓碑本体は無事だったとの説あり）。こうして、鬱蒼《うっそう》とした木々に覆われていた抱屋敷は、わずか数年で丸裸になってしまったという。

「長州征伐」の勅命を奉じた幕府は、薩摩藩など西国諸藩を動員して攻め寄せた。これに対し、長州藩は京都に攻め込んだ三家老の首級を差し出すなど恭順謝罪の姿勢を示したので、戦わずして解兵となった。

しかし、これを不満とする高杉晋作らが内戦のすえ藩政府の主導権を奪い、武備恭順の藩是を定める。長州藩の「正義」を訴え、それでも認められなければ、徹底抗戦すると言うのだ。

再び息を吹き返した長州藩を危険視した幕府は、天皇に願い出て二度目の「長州征伐」に乗り出す。朝敵の烙印は、まだ消えていないのである。

ところが薩摩藩は、このままでは幕府権力の強化につながると見た。薩摩藩は「非義の勅命は勅命にあらず」（慶応元年九月二十三日、西郷隆盛あて大久保利通書簡）との理由から、出兵を拒否する。もはや勅は絶対では無く、自分たちにとり不都合な勅は認めなくても良いというのだ。

こうして薩摩藩は、犬猿の仲だった長州藩にひそかに支援の手を差しのべる。新しい薩長の関係が築かれてゆくのだが、その裏でも松陰著作が使われた。

八月七日、薩長間を奔走する土佐浪士中岡慎太郎は長州の桂小五郎・前原彦太郎（一誠）にあてた手紙の中で、薩摩藩士伊知地《いじち》正治《まさはる》が『孫子評註』を欲しているので、送ってくれるよう頼んでいる。

松陰著作が、長州藩への理解を深める一助になった。時事問題を扱った著作は内容が古くなり、普遍性に乏しい。そこで『孫子評註』や『照顔録』といった政治色が薄い著作が、選ばれた。

朝敵の長州藩は、横浜・長崎といった開港地に立ち入れない。しかし、薩摩藩名義を使い、イギリスから小銃七千三百挺や蒸気船軍艦を購入し、急速に軍備を強化することが出来た。つづいて慶応二年一月、いわゆる「薩長同盟」を締結し、「冤罪《えんざい》」を被せられた長州藩の復権を、薩摩藩がサポートする体制が固められてゆく。

五月、朝廷と幕府が長州藩に突き付けてきた条件は藩主の隠居、世子の永蟄居、十万石の削除だった。いわゆる最後通牒である。しかし、「決死防戦」の覚悟を定めた長州藩は、これを蹴る。

こうして六月になり、第二次長州征伐軍が攻撃を開始した。長州藩は、官民一丸《いちがん》となって死に物狂いで立ち向かう。大島口・芸州口・石州口・小倉口という国境が戦場になったため、長州側では「四境《しきょう》戦争」と呼んだ。

松陰著作と少年兵

第二次長州征伐のさ中、支藩である長府藩の少年兵数人が、小倉口の参謀として指揮を執る高杉晋作を、下関の陣中に訪ねて来たことがある。

その中のひとり桂弥一は後年、晋作の印象を「眼光炯々《けいけい》人を射《い》る偉丈夫」だったとして、次のように話されたと回顧する（玖村敏雄『吉田松陰の思想と教育』昭和十七年）。

「今日は忙中であるから閑談は出来ぬが、唯一言するとて、慶長の昔、関ヶ原の戦に徳川方と戦って敗れた毛利藩の歴史を忘れてはならぬ旨を言い、それからなお言うべきこともあるが、それは別に小冊子を与えるから、それを読むようにと付け加えて去った」

晋作は、出版されたばかりの松陰著作『照顔録』を少年たちに配ったという。

関ヶ原の敗戦は、長州藩内を反徳川で一致団結させる便利な「歴史」であったことは容易に察せられる。また、松陰著作が団結を促すツールになっていたことも分かる（ちなみに晋作は慶応三年四月十三日、二十九歳で病没した）。

この時晋作を訪ねた少年の中には、十七歳の乃木希典《のぎまれすけ》もいた。維新後に陸軍軍人として栄達を遂げる乃木は、長府藩士の家に嘉永二年（一八四九）に生まれた。

乃木が十代前半、藩内で松陰が復権し、その著作が藩校で読まれるようになる。こうした風潮の中で、乃木は亡き松陰に傾倒してゆく。そして十六歳の元治元年三月、家出して萩へ向かい、松本村の玉木文之進宅に寄宿して、その遺訓を学ぶようになった。

のち、玉木は乃木に『士規七則』を与えている。これは松陰が獄中で小さな紙面に書いたものだったそうだ。乃木は「御守同様常に肌身離さなかった」が、西南戦争のさ中に紛失したという（乃木神社社務所編『乃木希典全集・下』平成六年）。また、息子の彦助が幕末の藩内戦で戦死したため、跡継ぎが無かった玉木家では、乃木の実弟真人《まさと》を養子として迎えている（宿利重一『増補乃木希典』昭和十二年）。

明治になり乃木は陸軍の軍人となり、日清・日露戦争で軍功を立てて、陸軍大将や学習院院長などを務めた。明治天皇に殉じ、妻とともに大正元年（一九一二）九月十三日、東京赤坂の自宅で自決する。六十四歳。

『士規七則』と軍人

松陰の『士規七則』は、七カ条に分けて武士の心得を説く。もとは安政二年一月、野山獄中で書き上げ、加冠を迎える従弟の玉木彦助（毅甫）に与えたものだ。後日、何通か書いて、他の門下生にも与えた。

そのうちの一通を松陰没後、門下生たちが印刷して流布させた。印刷されたものは黒地に文字部分が白抜きで、凹凸が逆転している。その理由を後年、乃木希典が次のように語っている（『日本及日本人・四九五号』明治四十二年）。

「士規七則他一、二の本を出版せんとした時、先生の直筆は残して、別に写して版にしようという説もあったが、イヤこれは先生の精神の籠《こも》ったものじゃから、直《ただ》ちにこれを版木に彫り附けて、本にしたらば、この本を手にし、この本を読む者、皆先生の精神を承《う》け続《つ》いで感奮激励、先生の教えを天下に拡むるに到るだろうという議論の方が勝ちを制して、先生の直筆をその儘《まま》、版木に彫り附けたという話もある」

故人の筆蹟には魂が籠っているといった、宗教的な考え方であろう。

『士規七則』は「およそ生まれて人たらば、よろしく人の禽獣《きんじゅう》（鳥やけだもの）に異なるゆえんを知るべし。けだし人には五倫（父子の義・君臣の義・夫婦の別・長幼の序・朋友の信）あり」云々に始まる。ここでは最後の、要約の部分を紹介しておく。

「右士規七則、約して三端と為す。曰く『志を立ててもって万事の源と為す。交を択びてはもって仁義の行を輔く。書を読みてもって聖賢の訓《おし》えを稽《かんが》う』と。士苟《まこと》にここに得ることあらば、またもって成人（人格・教養の完成した人）と為《な》すべし」

要するに志を立て、友人を選び、読書せよと言っているのだ。

高杉晋作が結成した奇兵隊は隊内に蔵書を持ち、士官教育にも熱心だった。武士の興亡史である頼山陽《らいさんよう》『日本外史』などがテキストに使用されたが、日ごろ松陰著作を読ませたような形跡はあまり見当たらない。

その中でも、『士規七則』は使われた。第二次長州征伐のさい、慶応二年八月、奇兵隊は小倉城下を占領し、足立山麓に位置する広寿山福聚寺《ふくじゅじ》を陣営とした。小倉藩主小笠原家の菩提寺である。この寺で奇兵隊は本尊釈迦如来像の首を斬るなど、派手に暴れたらしい。

奇兵隊では暴走する隊士を統率するためか、文官の長三洲（太郎）が『士規七則』を大書し、陣中に掲げた。それには、次のような添書がある。


「右松陰先生士規七則、丙寅十二月二十三日敬書于小倉足立山中陣営平帳深処」


奇兵隊士の出身身分は武士五割、農四割、その他一割だった。半分は庶民だったが、藩は身分を問わず「武士道」の精神を強く求め、兵士たちを教育した。他の松陰著作はともかく、『士規七則』はうってつけだったと言えよう。

明治以降、『士規七則』は特に軍人に好まれた。戦時中は学校教育でも積極的に使われようで、山口県内の学校などでは現在も額装した『士規七則』を見かけることがある。

長州藩の復権成る

第二次長州征伐さ中の慶応二年七月二十日、将軍徳川家茂が大坂城において病没し、九月になって休戦協約が結ばれた。実質的には長州藩の勝利だったが、それでも朝敵の烙印は消えなかった。

十二月五日、徳川慶喜《よしのぶ》が新しい将軍になる。禁裏守衛総督《きんりしゅえいそうとく》（御所の親衛隊長）を務めた慶喜は、孝明天皇の信任もあつい。長州藩の復権は、ますます困難になると思われた。

ところが同月二十五日、長州藩を嫌った孝明天皇が三十六歳で突然崩御する。政治的発言力を強めていた天皇の死は、政局に大きな影響を及ぼした。

以後、長州藩は薩摩藩との提携をさらに密にして、武力討幕を画策する。慶応三年十月の大政奉還、十二月の王政復古と続き、幕府は完全に消滅。十六歳の新天皇（明治天皇）を頂点に戴く新しい政権が誕生し、ここに至りようやく長州藩から朝敵の烙印が消える。

長州藩の軍勢は京都入りを許され十二月十日、王事に尽くした慰労の言葉を与えられ、御所の警備につく。政変で追われ、三年半ぶりの入京である。感慨も、一入《ひとしお》だったであろう。

明けて明治元年一月三日、京都郊外の鳥羽・伏見で旧幕軍と薩長軍の間に、戦端が開かれる。

錦旗《きんき》を掲げた薩長軍は「官軍」となり、慶喜は「朝敵」の烙印を押された。「官賊」は逆転し、慶喜は江戸に逃げ帰って恭順の意を表し、江戸は無血開城された。

以後、戦火は会津をはじめ東北地方、さらには蝦夷箱館（現在の北海道函館市）にまで飛び火してゆく。この、一年半におよぶ戊辰戦争に「官軍」は勝利し、新政権の土台は盤石なものとなった。

第六章 明治を生きた松陰

松陰著作ブーム

王政復古の大号令により、徳川幕府という政権が消え、天皇を戴く新政権が誕生すると、堰を切ったように吉田松陰の著作が出版された。明治元年（一八六八）から翌二年にかけて、次のタイトルの出版が確認出来る。

『東北遊日記』
『縛《ばく》吾《ご》集《しゅう》・涙松《るいしょう》集』
『幽囚録』
『武教講録』
『俗簡雑輯《ぞっかんざっしゅう》』
『宋元明鑑《そうげんみんかん》紀《き》奉《ほう》使《し》抄《しょう》』
『鴻鵠《こうこく》志《し》』

『留魂録』

『左氏兵戦抄《さしへいせんしょう》』

大半は見返しに「松下村塾蔵板」とある。版木の製作費を、松下村塾が出したとの意味だ。本の製作は、上方や江戸の本屋が行ったのであろう。

松陰の著作というのは、リアルタイムでこそ意味を持つ物が多い。この点につき、山口県教育会編『維新の先覚　吉田松陰』（平成二年）の次の解説が至言だと思う。


「思想家とは、その著作がいかなる時代においても、一定の普遍的意味を持っているとするならば、松陰にはその意味での著作はない。

松陰は、哲学的思案の人ではなく、行動の人であり、状況のまっただ中に突入していく気概の人であったというべきであろう。

残された松陰の著作は、全《あら》ゆるものが、当時の危機的状況にあった日本の政治に対して、どう対処するかという人々への説得であり、忠告であった」


そうした著作の中で旅日記『東北遊日記』は、親しみやすい内容だったからか、明治元年だけでも、河内屋吉兵衛（大阪）・田中屋治兵衛（京都）・吉野屋甚七（京都）という三軒もの本屋が出している。それほど売れたということだろう。

江幡五郎の驚き

盛岡藩の江幡五郎は出版された『東北遊日記』と、思いがけない出会いをする。

かつて兄の仇討を目的とする江幡は、松陰・宮部鼎蔵と途中まで共に東北各地を旅した。嘉永五年（一八五二）一月二十八日、奥州白河（現在の福島県白河市）において、松陰・宮部と江幡は涙を流して別れを惜しむ。

その後、松陰と宮部は、幕末動乱の中で若くして斃れた。ところが一番先に死ぬはずだった江幡は仇討を果たすことが出来ず、盛岡藩に復帰して、藩校の教師などを務めた。

生きて明治維新を迎えた江幡だったが、戊辰戦争で盛岡藩が朝廷に抗した罪を問われ、東京芝の金地院《こんちいん》で謹慎生活を送る。

その際の『幽囚日録』（刊本は平成元年）明治二年七月十一日の条には、おそらくは出入りの貸本屋が持参して来た、出版されたばかりの『東北遊日記』を見た感激を、次のように記す。

「吉田松陰が東北遊日記もて来て、見せられぬ。吾と宮部鼎三（蔵）と常奥（常陸・奥羽）に遊べる紀行なり。その内には吾忘れたる詩なども載せたるに、懐旧《かいきゅう》の涙せきあえずぞありける」

松陰の日記の中にいる、十七年前の「自分」と再会した江帾の胸中に、さまざまな思いが過《よぎ》ったことがうかがえる。つづいて同月二十三日の条には「茂太郎、寅次郎（松陰）が著せる武教講録を持て来てかしたり」などともある。

すでに松陰は、「歴史」になりつつあった。これが命と引き換えに「歴史」に残る者と、残らない江帾の分岐点だったのだろう。

その後、赦された江帾は那珂通高《なかみちたか》（梧楼《ごろう》）と名乗り、木戸孝允の推薦により大蔵省や文部省に出仕し、明治十二年、五十三歳で他界している。

松陰墓所の復興

薩長軍と旧幕府軍は明治元年一月三日、京都郊外の鳥羽・伏見で武力衝突し、一年半におよぶ戊辰戦争の幕が切って落とされた。錦旗を掲《かか》げて「官軍」となった薩長軍は、旧幕府軍を撃破し、追い詰めてゆく。

勢いのまま江戸に乗り込んだ「官軍」の西郷隆盛と旧幕府の勝海舟の会談などにより、四月十一日、江戸無血開城が実現し、戦火を免れた江戸は「官軍」の統制下に置かれる。

「官軍」の一翼となり江戸へ戻って来た長州軍は五月、若林村の名主らを呼び付けた。そして長州鋭武隊の軍監飯田竹次郎は伐採した立木については勘弁するが、残木は買い戻すよう名主たちに命じる。結局、芝の増上寺塔頭《たっちゅう》の霊俊蜜《れいしゅんみつ》に売却した三百二十両分しか、戻らなかったという（松本剣志郎「長州藩若林抱屋敷から松陰神社へ」世田谷区立資料館図録『幕末維新』平成二十四年）。

さらに十一月十九日、東京（同年七月十七日、江戸は東京と改められた）在勤の長州藩士内藤左兵衛が、松陰らの墳墓を破壊したことにつき、徳川家に書面で抗議する。

内藤は、この墓所は勅諚に基づき、将軍の令に従って「志士仁人の跡」を「湮滅《いんめつ》」しない目的で造立されたのだと言う。長州藩の「私意」で密に造ったものではないのだから、その評価は「永世に渉《わた》り異議」があってはならないのである。にもかかわらず「即今承り候えば、墓石はこれあり候えども、華表《かひょう》（鳥居）・玉垣等は御廃毀《ごはいき》」したのはなぜだと詰め寄る。そして墓所の現状を詳しく調べ、報告するよう求めた。

ところが、徳川家公儀人である前島来助（密《ひそか》）の返答は、要領を得ないものだった。越後出身の前島は幕臣の前島家を継いでから二年しか経っておらず、よく事情が分からない。そのため、

「驚愕《きょうがく》に堪えず、慚恥《ざんち》の至り、罪もまた数うるに勝《た》えざる事にござ候」

と、ひたすら謝罪するしかなかった。

若林村の土地が毛利家に正式に返されたのは、明治二年一月五日のことだ。前後して、松陰墓所の復興が進められた。木戸孝允は藩命を受け、その旨を江戸で働く長州藩の土木吏井上新一郎（信一）に命じた。

復興にさいし、木戸は「大政一新之歳　木戸大江孝允」と刻んだ鳥居を寄進する。薩摩の西郷隆盛・大久保利通と並び「維新の三傑」と称された木戸は、かつて桂小五郎と称した幕末の昔、明倫館で松陰に兵学を学び、親交を深めた同志であるだけに、感慨深かったのだろう。

もと将軍家の徳川宗家も墓所復興を知り、葵《あおい》紋を刻む水盤一基と石灯籠一対を寄進した。明治維新により、徳川家は取り潰されたわけではない。十五代将軍の慶喜は隠居したが、家《いえ》達《さと》が宗家の家督を継ぎ、明治元年五月、駿河府中（静岡藩）七十万石の大々名として存続することを朝廷から認められた。

さらに明治二年七月には、門下生の山田市之允《いちのじょう》（顕義）により、墓前に至る石畳が寄進されて復興は一段落する。山田は新政府軍の青森口陸軍兼海軍参謀として箱館五稜郭を落とし、海路品川に凱旋したばかりだった。

復興が完成すると明治二年十月二十六日、長州出身の政府参議である広沢真臣《さねおみ》ら長州人が若林に集まり、松陰の慰霊を行っている。

密航・暗殺未遂で評価される

明治維新の政権交代により、これまで尊王攘夷や討幕運動で幕府に逆らい、非業の死を遂げた「反逆者」たちが一転して、「英雄」や「偉人」として評価されるようになる。かれらの事績を紹介した大衆向けの人物列伝が、明治初期には何種類も出版され、人気を博した。

そうした列伝の中に、松陰は大抵含まれている。ただし、掲載された略歴は現代の松陰像とは、イメージが異なるものが多い。

たとえば明治七年に初版が出た染崎延房『義烈回天百首』所収の松陰略伝は、次のようなものである。

「通称を寅次郎とて長州の藩なり。始め亜米利加渡来のとき洋行を倣《おさえ》んとして、事ならず。姑《しばら》く本藩に幽《ゆう》せられたり。後また間部閣老が有志の輩を捕《とら》ゆるを憂い、これを暗殺せんと計る。幕吏さらに知らずして余事を以て渠《かれ》（彼）を縛《ばく》す。松陰余事を悉《ことごと》く弁解し、却って暗殺のことをいう。幕吏おどろいて刑せしは又惜しむべきの英俊なり」

これを読む限り、松陰はアメリカ密航未遂と老中間部暗殺未遂という、二つの事件により評価されていたことが分かる。

現代ならば松陰の代名詞とも言うべき「松下村塾」については、一言も触れられていない。

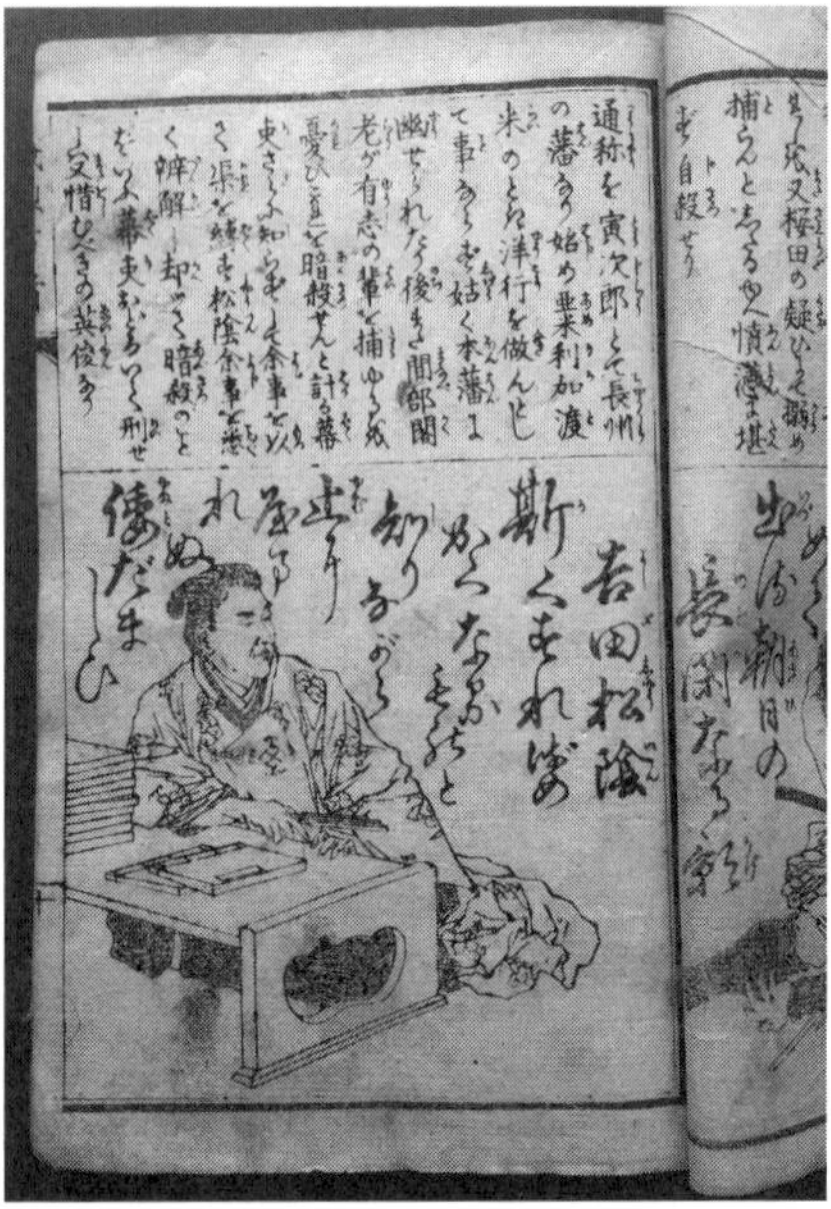

◉『義烈回天百首』の松陰（著者蔵）

「教育者」の側面には、あまりスポットが当たらなかったようだ。こうした傾向は類書と言うべき染崎延房『報国者絵入伝記』（明治七年）、転々堂《てんてんどう》藍泉《あいせん》『近世報国百人一首』（明治八年）、子安信人『近世遺勲高名像伝』（明治十三年）などに所収された松陰略伝にも見られる。

芝山居山『近古慷慨《こうがい》家列伝』（明治十七年）にはやや長めの松陰伝記が所収されているが、最も字数を費やしているのはやはり密航未遂事件だ。教育者としては「先生獄に在って歳を閲《けみ》し、その家に禁錮せらる。藩人固より先生の才学気節に服す。争いて業を受く。門弟益々多し」云々とあるものの、「松下村塾」の名称すら出て来ない。

明治はじめの大衆は、幕府という体制に牙を剥いたアンチヒーローとして松陰を英雄視していた。だが、政府側からすると、こうした大衆が期待する松陰像は大変危険だった。松陰が「義民」になっては、困るのである。政権にとって好都合の人物になるよう、スポットの当て方を変えなければならない。

スティーブンソンが描く松陰

『宝島』などで知られるイギリスの作家ロバート・L・スティーブンソンの作品に〝YOSHIDA－TORAJIROU〟（『吉田寅次郎』）がある。

スティーブンソンが明治十一年（一八七八）から翌十二年にかけ、東京開成学校教授補として渡英中だった正木退蔵から聴取した話をもとに著した松陰伝で、同人の校訂を経て発表された。日本では後に『吉田松陰全集・別巻』に日本語訳が所収され、知られるようになった。

長州藩出身の正木は、かつて松下村塾生であり、生身の松陰を知っていた。正木が「心の栄誉にふさわしい感動を込めて、私に語った」という松陰像を、スティーブンソンは記録している。

スティーブンソンは「吉田寅次郎」の名はまだイギリスでは知られていないが、いずれはガリバルティ（イタリアの愛国の志士。1848年ローマ市民を扇動して法王を追う。のちアメリカに流寓《るぐう》した）やジョン・ブラウン（アメリカの急進的奴隷廃止論者。奴隷解放の反乱を起こし、絞首刑に処せられた）同様に、人口に膾炙《かいしゃ》するだろうとまで言っている。

だが、スティーブンソンは松陰を、いたずらに神格化するつもりはない。まず、松陰の関心が国防にあり、攘夷論者でありながら西洋の新知識を求めようとした旨を次のように説明している。

「兵学を講じたときの彼の心を占めていたのは、第一に日本の防衛であった……かくして、吉田の愛国心は、みずから失敗を招いたといわれるような形をとった。かえって夷人を招じ入れることに役立ったことが、今では、彼の功績の一つになっているのである……吉田は、外国の軍事力を羨望することによって、その文化を羨望するようになった。軍事力において夷人に匹敵したいという願望から、文化において彼等に比肩しうるようになりたいという欲求がわいた」

つづいて密航未遂事件、投獄、帰国、松下村塾主宰と続く。その容姿についても、容赦なく描写する。

「吉田は醜《みにく》く、おかしな程疱瘡《ほうそう》の跡が残っていた。自然は初めから彼に物惜しみしたが、一方、彼の個人的な習性は、だらしないとさえいってよかった。衣服はぼろぼろであったし、食事や洗面のときは、袖で手をふいた。頭髪は2か月に1回程度しか結わなかったので、見苦しいことがしばしばあった。このような様子であったから、彼が結婚しなかったことを信じることは容易である」

講義の進め方、塾の運営については、次のように説明されている。

「ことば使いは激しく乱暴であったが、振舞いは温和で立派な教師であり、講義が難解なため門下生の頭上を素通りし、そのため彼等が唖然としたり、さらにしばしば笑うことがあっても、そのまま放置し気にもとめなかった。学問に対する情熱はすこぶる激しかったので、自然の眠りすら惜しんだ程であった……彼は悪筆であり、詩作はしたけれども、優雅なものには趣味はなかった……賄賂については、それらしい様子だけでも我慢しようとはしなかった」

松陰の老中暗殺計画については、次のように解釈する。

「御門（御所）を守護することは一種の宗教であったし、暴君的、流血的侵害に対抗することは、明らかにある種の政治的正義であった……門下生の一団は、江戸から京都へ向かう途中のある村で、この暴君を待ち伏せし、嘆願書を差し出しておいて殺戮するつもりであった」

つづいて松陰は「安政の大獄」に連座して、江戸へ送られ、幕府側の取り調べを受ける。

「彼は機会をとらえて並いる者に自分の計画を告白し、また、その計画を誇りとした」

スティーブンソンのイメージする松陰は自身の言動に強烈な誇りを抱くものの、かなり乱暴で、なにより奇人変人あるいは異端児の類いである。いびつな人間だからこそ没後、門下生たちの心の中で、その魅力が増幅していったのだと、スティーブンソンは考えた。

「しかし、同時代の人の場合には、どんな特性をもっていても、殊に、よく争論し、薄汚れ、一風変わった教師に対しては、生徒は決して英雄らしさを認めようとはしないものである。しかし、歳月がたち、吉田の門弟たちが、理論的に完全無欠の人物を身近に見付けようと努力しても無駄だと知り、また、吉田の薫陶の意味をますます深く理解し始めると、門弟たちはこの滑稽な教師を、人類の中で最も高潔な人物として追憶するようになった」

等身大の人間松陰の魅力を描こうとするスティーブンソンの姿勢は、一貫している。

「一言付け加えておかねばならない。これは英雄的な一個人の話であるとともに、ある英雄的な一国民の話だということを見損じないでほしいと願うからである……このような広大な志を抱いた人々と同時代に生きてきたことは、歓ばしいことである」

最大級の賛辞と言うべきであろう。

前原一誠の下野

明治日本は「万国対峙《ばんこくたいじ》」をスローガンに掲げ、一日も早くアジアから脱し、西洋列強の仲間入り、すなわち「脱亜入欧《だつあにゅうおう》」を目指して近代化を推し進める。

「王政復古」は「御一新」と呼ばれるようになり、攘夷を唱えて幕府を倒した者たちは政権の座に就くや、西洋列強と友好関係を築こうとする。明治日本の基本方針として明治元年（一八六八）三月に定められた「五箇条の誓文《せいもん》」には「智識を世界に求め、皇基を振起すべし」とあった。もう、松陰が唱えた「攘夷」は必要ないのである。

一方、「維新」のために血を流した士族たちは明治二年の版籍奉還、同四年の廃藩置県、同九年の秩禄《ちつろく》処分など急激な改革により、特権も誇りも奪われてしまう。

不満を募らせた士族たちは「第二の維新」を目指す。こうして明治七年に佐賀、同九年に熊本・秋月など各地で不平士族による反乱が起こった。

そして明治九年十月二十八日、長州士族の三百三十二名も、萩において蜂起する。「萩の乱」である。首謀者の前原一誠（かつての佐世八十郎・前原彦太郎）はじめ、吉田松陰の後継者たちによる反乱である点が重要だ。

かつて前原は松陰から「勇あり、智あり、誠実人に過ぐ」と評された。明治二年二月、越後府判事となった前原は民部省の許しを得ずに、戊辰戦争で荒廃した越後の地の年貢半減を行う。さらには農民のため、信濃川の分水工事も進めようとする。

前原にすれば、これこそが松陰が理想とした儒教的な民を慈しむ政治、「仁政」の実現だった。ところが、中央集権国家を目指す政府は、前原の独走を危険視する。このようなやり方を参議の大隈重信《おおくましげのぶ》（佐賀出身）は、

「何か事があれば、直ぐに租税を免ずるのを仁政と考えるシナ一流の形式政治」

などと、厳しく非難している（『大隈侯八十五年史』大正十五年）。政府は前原の地位を上げて東京に呼び寄せ、越後の地から切り離そうとする。こうして明治二年七月、前原は参議となり、十二月には大村益次郎の後継者として兵部大輔を任ぜられた。地位的に見れば大出世である。松下村塾出身の中で参議になった第一号だった。

だが、政府に「仁政」を目指す前原の精神的な居場所は無かった。奇兵隊などの反乱事件

「脱隊騒動」の処理などをめぐり、厳刑を主張する木戸孝允らと対立した前原は同年十月、病気を理由に下野し、故郷萩に帰った。

萩の乱

帰郷した前原一誠の周囲に、政府に不満を抱く長州士族たちが集まってくる。

そのひとりが、松陰の叔父であり師の玉木文之進だった。大の西洋嫌いで、かつては藩内各地の代官を務めた能吏である。しかし、維新後は官途に就かなかった。その理由を、

「寅次郎──吉田松陰──の遺志を継続すること」

と、述べたという（宿利重一《しゅくりしげかず》『増補　乃木希典』）。玉木は同志と萩で集会を開いては、松陰の志であった攘夷や征韓（国権拡大）を唱え気炎を挙げていた。

こうして「萩の乱」が起こる。ところが前原を首領に蜂起した長州士族たちは、政府が差し向けた鎮圧軍に包囲され、わずか数日の戦闘で敗れ去った。

前原ら幹部七名は海路萩を脱したが、十一月五日、島根県宇竜港で捕らえられた。そのさい、前原は親しい者に挙兵に至った動機を語っている。

前原は、維新の理想は「王土王民」（日本の土地と人民は全て天皇のもの）だったのに、

それが実現されていないと嘆く。政府が進める地租改正や千島・樺太交換条約や士族の常職解体などにも、反対。政府高官が私利をはかり、民権を蹂躙《じゅうりん》しているとも批判する。さらに、朝鮮の独立を認めると、必ずロシア・清国に支配され、日本を仇敵視《きゅうてきし》するようになるので、日本の軍事力を使って支配下に入れておくべきだと主張する（安藤紀一『前原一誠年譜』平成十五年）。前原が、松陰の保守的で国粋主義的な部分を受け継いでいたことが分かる。

十二月三日、首謀者の前原と奥平謙輔・横山俊彦・佐世一清・山田頴太郎《えいたろう》・有福恂允《ありふくじゅんすけ》・小倉信一が萩で斬に処され、その他多くが懲役刑や除族に処された。

松陰の跡を継ぎ、文久三年（一八六三）に九代目吉田家当主となった吉田小太郎（杉梅太郎の長男）も、玉木の養子となった玉木正諠（乃木希典の弟）も前原軍に加わり、戦死している。享年は小太郎が二十三、正諠が十九だった。

十一月六日、玉木文之進は萩松本村の団子岩の先祖の墓所で自刃。享年六十七。松陰の長妹児玉千代（芳子）が立ち会ったという。玉木は官憲から乱の示唆者としてマークされていたから、後ほど厳しい家宅捜査が行われた（福本義亮《ぎりょう》『吉田松陰の母』昭和十六年）。松陰の兄杉民治（かつての梅太郎）は山口県庁を免職になり、松陰の評判も一時期地に堕ちることとなる（海原徹『吉田松陰』平成十五年）。

抹消された「萩の乱」

「萩の乱」の終結により、故郷における「松陰精神」の後継者たちは、壊滅した。

松陰は、極めて保守的な考えの持ち主である。皇室を崇め、藩主に対する絶対的な忠誠心が基本で、武士が社会の治者であると信じ、国権拡大を願い、西洋列強に対し凄まじい憎悪の念を抱いている。明治政府が進めた、西洋を真似た近代化を目ざしていた人物ではない。

東洋・西洋の双方から、都合の良い部分だけを採り入れようという「明治維新」の矛盾を、松陰と同郷の後継者たちが多大な犠牲を払いながらあぶり出して見せたのが、「萩の乱」だったと言える。

萩の郷土史家松本二郎は『萩の乱』（昭和四十七年）の中で、前原と松陰を比較して「かく考えてみると、萩の乱は必ずしも松陰精神から生み出された行動とはいえぬが、ある一面だけは確かに伝えている」と評す。それは「やむにやまれぬ大和魂」的な「将来への展望がどうであるかを」考えない行動である。また「その思想が内省的主観的であり、ものの考え方なども両者共通の点が少なくないと思われた」などと述べている。

以後、絶大な権力を握った政治家や軍人たちは第二、第三の松陰が出現することを恐れた。中央集権を一刻も早く現実のものとし、外圧に抵抗する必要があったから、政府は時の政権を肯定するような「勤王」「憂国」「愛国」の部分のみを抜き出し、「松陰先生」が利用されるようになる。

松陰と「明治維新」との間に横たわる溝は、決して小さなものではない。逆に言えば、松陰が近代化に直結しているなら、「萩の乱」は起こらなかった。だからこそ、山口県ではいまも「萩の乱」はある意味においてタブー視されている。

近いところでは、山口県史編纂のパイロット版として出版された國守進《くにもりすすむ》監修『山口県の歴史』（平成三年）という、五百ページ以上もある古代から現代までの通史本編の中に「萩の乱」の記述は無い。政治的な圧力があったため除いたとの話を、出版当時、関係者から聞いたことがある。あるいは平成四年（一九九二）に山口県教育会が萩有料道路（当時）の料金所そばに「夜明けの群像」と題したモニュメントを設けたが、門下生九人の中に前原は入っていない。

なお、「萩の乱」の翌年の明治十年二月、西郷隆盛を首領とする薩摩士族らが鹿児島で「西南戦争」を起こし、政府軍と戦い、敗れ去った。西郷には、賊将の烙印が押される。しかし、鹿児島では明治維新の偉人・英雄と言えば、何よりもまず西郷である。

権力の椅子に座りながら、西郷を追い詰めた大久保利通らに対する風当たりは、いまなお強い。平成三十年になっても、西郷が眠る鹿児島市の南洲墓地において、大久保の没後百四十年の供養を行おうとしたら、市民グループから激しい抗議、反発があって、取りやめたことが話題になっていた。

山口県では反逆者の前原には、鹿児島県における西郷のポジションは与えられなかった。

松陰は、旧勢力（幕府）に対する反逆者だから、都合よく祭り上げられたのである。このあたりに、薩長の気質の違いを感じる。

松陰神社の創立

明治維新の三傑の一人である西郷隆盛は西南戦争の首謀者となり、明治十年九月二十四日、賊将として城山で戦没した。しかし薩摩人たちの尽力により明治十三年、鹿児島の西郷墓所（南洲墓地）に、参拝所という祠堂《しどう》（のちの南洲神社）が建てられる。

このころになると、明治維新を顕彰《けんしょう》しようとの動きが盛んになった。長州も対抗意識を抱いたのか、旧藩主毛利家当主の毛利元徳《もうりもとのり》が中心となり明治十五年五月二十五日、若林の松陰墓所の傍らに「松陰神社」の創立を東京府に願い出る。

それまで、松陰墓所は「招魂場」とも呼ばれていた。招魂場は神社化してゆくから、若林の墓所にも社殿が必要になったのかも知れない。明治二年に戊辰戦争「官軍」戦没者を祀るため、東京九段下に創立された東京招魂社は、明治十二年、靖国神社と改称されていた。

願い出を受けた東京府は宮内省に伺いを立て、許可された。信徒総代である毛利元徳は「荏原郡若林村字宿原第三百番」の土地二千百十三坪を、社地として寄進する。

さらに門下生で政府の高官となった品川弥二郎・野村靖が幹事となり、関係者から寄付集めが行われた。

◉松陰神社の松陰墓所（東京都世田谷区）

趣意書には本殿・拝殿・鳥居などの建築その他工事の諸費として一千五百円、維持資本金として一千五百円が必要だとある。その最後には「諸君、先師の余徳遺烈を追念し」、月給の十分の一を寄付せよと、呼びかける。門下生の中には政府の高官も多かったから、目標金額は集まったのであろう。

松陰後裔の吉田庫三がまとめた葬祭関係史料（『吉田松陰全集・十二』）では十一月二十日を落成とし、二十一日に祭典を挙げたとある。この日は旧暦の松陰命日（十月二十七日）にあたることから、以後も「例祭日」となった。

十一月十六日には皇室より金一円が下賜《かし》されている。さらに十二月三十日、松陰の自賛肖像・留魂録・遺書二巻・

鳳闕《ほうけつ》を拝し奉るの詩幅が天覧に達した。こうして、明治天皇の「お墨付き」も得たことになる。

靖国合祀と贈位

明治前半、西郷隆盛と吉田松陰の顕彰活動は、薩長が互いに競い合うようにして進めてゆく。薩摩閥と長州閥は政界・軍部で対抗意識を燃やしていたから、どちらが、より多く「明治維新」に貢献したかは重要な問題だった。そのため自分たちを正当化する「明治維新ストーリー」が必要だったが、その主人公になったのが薩摩では西郷、長州では松陰だった。

明治二十一年五月五日、松陰の霊が別格官幣社である靖国神社に合祀《ごうし》された。ところが、賊将として散った西郷の霊は、靖国神社に合祀出来ない。これは薩摩人たちにとり、大きな屈辱だった。

だからこそ薩摩人は西郷を贈位によって、復権させようとする。

明治政府はそれまでの贈位制度とは別に、歴史上の人物の功業顕彰を目的とした特旨贈位を始めた。第一号は、明治元年八月二十四日の高倉永祐への正三位である。

以後、大村永敏《ながとし》（益次郎）・広沢真臣・鍋島直正・毛利敬親・木戸孝允・大久保利通など「維新の功臣」が亡くなるや、生前よりもランクが上の官位が贈られた。たとえば正三位の大久保利通は、没後正二位を贈られている。他にも新田義貞や楠木正成といった「南朝の忠臣」、賀茂真淵・本居宣長・平田篤胤《あつたね》・伊能忠敬・羽倉東満といった江戸時代の学者が明治十六年二月二十七日、それぞれ正四位が贈られている。

そして明治二十二年二月十一日、大日本帝国憲法発布の大赦により、ようやく賊名が消えた西郷に、特旨を以て正三位が贈られた。

だが、西郷だけでは目立つと思ったのだろうか。同日、藤田誠之進（東湖）・佐久間修理（象山）・吉田寅次郎（松陰）に正四位が贈られた（『贈位諸賢伝・下・増補版』昭和五十年）。藤田は儒学者、佐久間は洋学者だが、松陰は「志士」である。

以後、幕末に非業の死を遂げた「志士」たちの中から、国家に対して功績が顕著だったと認められた者たちへ、続々と贈位が行われてゆく。明治政府樹立に直接タッチせずに死んだ、松陰や高杉晋作や坂本龍馬といった「志士」たちは、正四位が最高位である。

松陰に贈位が行われたさい、旧藩主家の毛利元徳は、

ますらをのあかきこころのあらはれて　ふかきめぐみつゆかかりけん

などと詠み、遺族に贈り喜んだ。松陰の赤心が認められたとの意味である。靖国合祀、神社創建、贈位と続き、松陰の復権は堅固なものになったと言えよう。

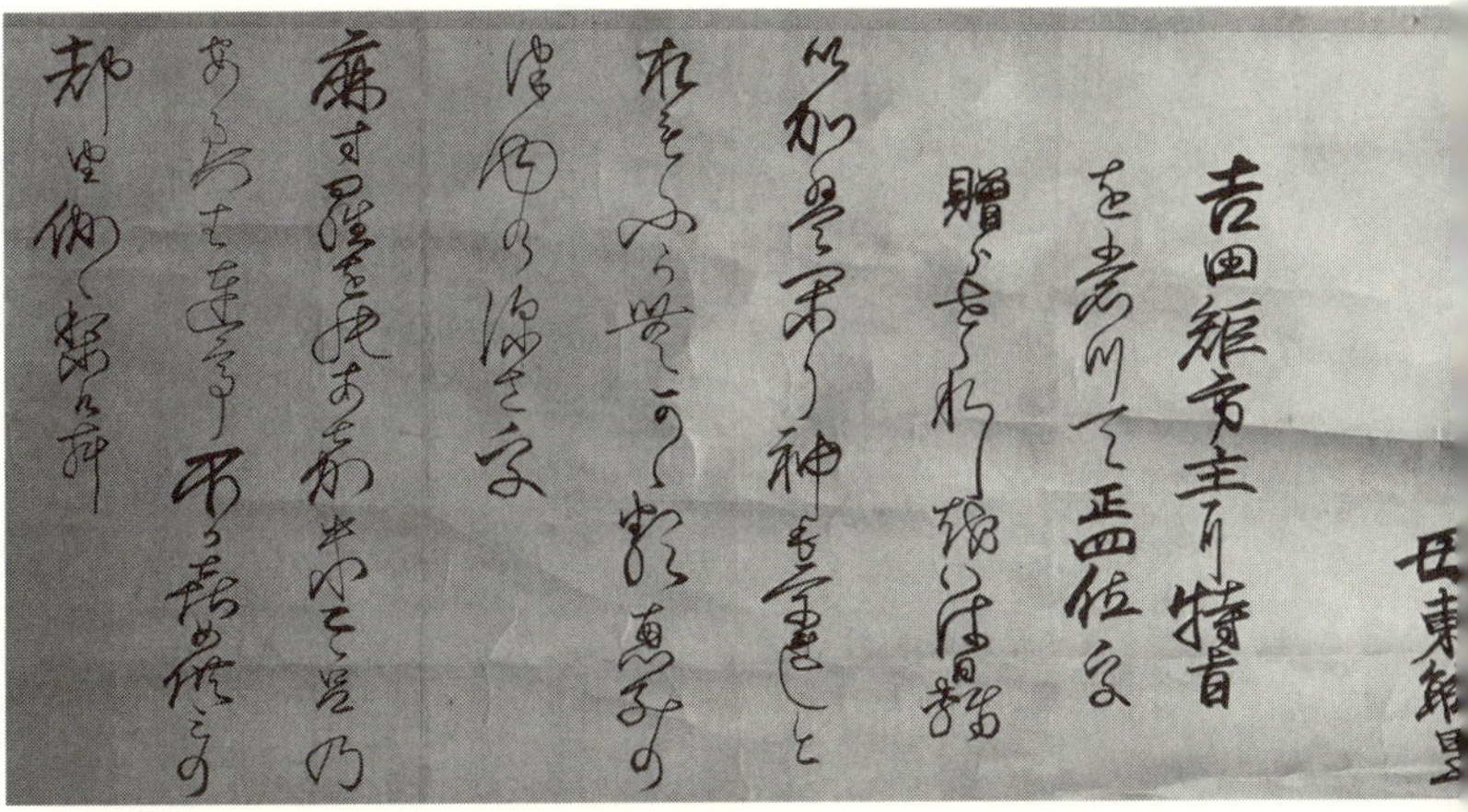

◉毛利元徳が吉田家に贈った歌書（著者蔵）

松陰伝記の難しさ

吉田松陰の伝記執筆は没後間もなく、門下生たちの間で検討されたようだ。だが、なかなか著す者がいなかった。

その理由を野村靖は「吉田松陰先生の神髄」（『日本及日本人・四九五号』）の中で、次のように述べている。

「先生の伝記を書いて、その精神面目を人に知らせようなどという事は、絶対的不可能と云ってよろしい」

また、野村は松陰没後間もなく、長州の土屋蕭海《しょうかい》（矢之助）が伝記執筆に着手したことがあったとも語る。土屋は松陰とも親交があり、文章家としても知られていた。ところが土屋が書

きかけた松陰伝記を読んだ高杉晋作が、

「何だ！　こんな物を先生の伝記とする事が出来るか」

と、引き裂いてしまったという。

あるいは維新後、長三洲（太郎）という豊後日田《ぶんごひた》出身の漢学者に材料を見せ、執筆を依頼したことがあると、野村は回顧する。長は幕末のころ、長州に亡命し奇兵隊の文官を務めていたから、気心も知れていたはずだ。

ところが長は、

「これは到底自分の力で、先生の神髄を伝うべき伝記を書く事はかなわない」

と、辞退する。この長の態度は、面白い。気に入らない伝記を書けば、どんな面倒に巻き込まれるか分からないから、避けて通ったのだろう。

松陰の偶像化を考える者たちは、伝記執筆に慎重だった。史実を提示することで、前章で見た奥平謙輔のような、政府は松陰の真意を歪め、利用しているなどと言い出す者が現れたら困るからであろう。

そうした者たちにとれば、誰も永遠に伝記など書かず、深く考えることもなく、「吉田松陰」の名だけが一人歩きしてくれた方が、よほど好都合だったのかも知れない。

初の松陰伝記は史料集

松陰伝記の単行本第一号とされるのは、野口勝一・富岡政信共編『吉田松陰伝』(明治二十四年)である。野口・富岡はもと水戸藩士で、すでに野史台『維新史料』を編纂、発行していた。その過程において、松陰の史料を多く収集したらしい。まず凡例には、次のようにある。

「野史台維新史料を編次せしより、ここに五年材料の集まること頗《すこぶ》る多し。吉田松陰の事績に於いて、ことにその多きものあり。よって松陰伝を編次す」

つづいて凡例には、品川弥二郎が年譜作製のため収集していた史料や、楫取素彦・吉田庫三の蔵書をもとに編纂した旨が、述べられている。

もっとも、これは「伝」と言いながら、内容は伝記とは言い難い。松陰の遺文を年代順に全文掲載して、その間に接着剤的にわずかな解説を加えるという構成で、今日から見ると「伝記」というより「史料集」に近い。野口・富岡の松陰論とは言い難い。

史料に語らせたと言えば聞こえはいいが、やはり腫れ物に触るような感じだった様子がうかがえる。

徳富蘇峰の『吉田松陰』

そんな中、明治二十六年十二月、三十代の新進気鋭のジャーナリストが、吉田松陰の本格的な評伝を世に問う。松陰のまとまった評伝第一号とされる民友社刊、徳富蘇峰《とくとみそほう》『吉田松陰』である。

著者蘇峰は本名を猪一郎《いいちろう》といい、熊本出身で、明治二十年一月、東京に民友社を設立し、翌二十一年には雑誌『国民之友』を創刊していた。『吉田松陰』は同誌の連載を、まとめたものである。この後、蘇峰は「国家主義」に転じるが、執筆時は「平民主義」を唱えていた。

『吉田松陰』の中で蘇峰は松陰を「革命家」と評す。革命には予言者・革命家・建設的革命家という三段階の役者が必要だとし、松陰を二番目の革命家とする。

だが、当時、松陰を「革命家」とすることは、ある意味においてタブーだった。

かつて松陰の教えを受けたり、影響を受けたりした政治家や軍人たちが認めなかったからである。その理由を簡単に言うと、「革命」は何度でも起こるからだ。

幕府という政権を倒し、権力を手に入れた者たちにとり、体制に立ち向かう第二、第三の松陰が出現することは恐ろしかった。自分たちの地位を奪うかも知れない次の「革命」を、認めるわけにはいかない。

だから、松陰や自分たちは「王政復古」を行ったとした。日本を天皇が治めるという本来の姿に戻しただけであり、これ以上は変わらないと言うのである。

結局、蘇峰の『吉田松陰』は明治四十一年、全面的な改訂を余儀なくされる。改訂版からは元版にあった「革命」の文字はすべて「改革」と改められた。例言によれば、乃木希典と野村靖の「熱心なる慫慂《しょうひょう》」があったという。

蘇峰の改訂版が出版された一週間後の十月十七日、帝国教育会が松陰没後五十年の記念大会が開催された。政界・財界・学界を代表する二百四名が名誉委員として名を連ねたが、その中には蘇峰もいた。

大会の記録集とも言うべき同会編『吉田松陰』（明治四十二年）の、辻新次会長による序には、当然ながら松陰を称える文言が並ぶが、

「少時早くすでに王室の陵夷《りょうい》を慨き、列国の猖獗《しょうけつ》を憤り、遂に自ら海外に航してその形勢を審《つまびらか》にし、もって国威を四表に宣揚するの大策を建てんと欲す。すこぶる先見の明ありと謂うべし……けだし先生の志業終始一貫、憂国忠君の事にあらざるはなし」

といった、具合である。これは「もはや完全に体制の人であり、体制のなかの『憂国忠

君』の松陰像である」と評される（田中彰『吉田松陰　変転する人物像』平成十三年）。

明治初め、「密航未遂」「暗殺未遂」で大衆に支持された松陰だったが、「愛国」「勤王」といった都合の良い評価だけが切り取られ、明治の終わりには、ナショナリズムのシンボルになってしまった。

松陰と西郷の銅像

靖国神社に合祀され、正四位が追贈された吉田松陰の銅像を建てようとの話が起こった。銅像は原則として、多くの人の目に触れる。だから、どのような姿でつくるかで、その人物に対する世間のイメージはまるで違ったものになってしまう。

ヨーロッパ式の石膏を原型とする銅像の製作は、日本で始まったばかりだった。口火を切ったのは、靖国神社の大村益次郎銅像である。明治十五年十一月、関係者により立案され、工部美術学校出身で工部省（のち内務省）に出仕した大熊氏広《おおくまうじひろ》（現在の埼玉県川口市出身）に制作が依頼された。

岩崎家の援助を受けてヨーロッパに渡った大熊はパリやローマの美術学校に学び、明治二十三年に帰国する。同二十六年二月、大村の銅像を竣工させ、一躍その名を知られることになった。日本初のヨーロッパ式銅像であり、大熊は「銅像屋」の異名をとる。

以後、銅像は一大ブームとなり、日本各地に偉人や英雄、現役の政治家・軍人・実業家などの銅像が次々と生まれた。

こうした流れの中、大熊作による松陰銅像が杉浦重剛《すぎうらじゅうごう》により企画される。それは明治二十三年ころというから、大熊の帰国と同時に起こった話かも知れない。建立予定地は杉浦が創立した新宿の日本中学、現在の世田谷松原にある日本学園である。長谷川芳之助博士の手記によれば、大熊は杉浦から品川弥二郎を紹介され、資料を得たという。

この時、松陰銅像建立は諸事情から実現しなかった。しかし、大熊が作ったとされる石膏原型が二パターン、東京世田谷の松陰神社に現存する。それぞれかなり異なった雰囲気を持ち、明治半ばまでは松陰のイメージが完全に固定されていなかったことを物語っており、興味深い。

ひとつは、よく知られる松陰肖像画をモデルにした、端座して左手を帯に差し、右手で書物を持つ姿だ。表情も学者然として、穏やかである。ちなみにこの像は松陰神社（東京）ご鎮座百三十年記念事業としてブロンズで鋳造されて、平成二十五年四月、境内に建立された。現代人が抱く松陰のイメージにも近いものだろう。

もう一体は、同じく端座しているものの、凄まじい憤怒《ふんぬ》の形相で、毛髪を逆立てる姿である。まるで、荒ぶる鬼神である。西洋列強、そして幕府や藩政府に対して怒り続けた松陰の言動を辿れば、このような姿が思い浮かんだとしても不思議ではない。もっとも、こちらの荒ぶる松陰のイメージは、以後封印されてしまう。

そして西郷隆盛銅像の建立も、同じ頃企画されている。

まず、明治二十一年、植田楽斎という人物が発起人となり、軍服で騎馬姿の西郷銅像を京都清水寺近くに建てる計画があった。薩摩藩の政治家や軍人も賛同したが、植田の他界により計画段階で頓挫する。

つづいて東京に西郷銅像を建てる話が起こった。発起人は薩摩出身の政治家吉井友実ら、同郷の政治家や軍人たちである。

建立場所は皇居内などの案もあったが、さすがに賊将であるため反対する者も多かった。あるいは陸軍大将服を着た姿との案も、同様の理由から却下されてしまう。

こうして場所は上野恩賜《おんし》公園と決まり、明治二十六年着工、三十年竣工、三十一年十二月十八日除幕式と続く。

西郷は、みずからの写真を残さなかったとされる。そこで銅像はキヨソーネが描いた肖像画や関係者の意見を参考にし、高村光雲が原型を作製した。予算の関係から騎馬姿は難しかったというが、完成したのは着流しで猟犬を連れ、うさぎ狩りに行く姿だった。賊のイメージを除くためなのか、大変親しみやすいものとなっている。あるいは、やり過ぎの感が無きにしもあらずだ。

だからなのか、西郷の遺族たちはこの銅像に不満だったという。西郷の息子である西郷菊次郎などは計画段階で、

「銅像よりも衆《ひろ》くの人達に利用される図書館なり、施料病院なりを建設してほしい。その方が親の意志にも添うものである」

と反対したが、薩摩出身の関係者に押し切られたと、後年になり語っている（拙著『語り継がれた西郷どん』平成三十年）。

◉怒れる松陰像（東京・松陰神社蔵）

しかしもし、日本初の陸軍大将という西郷の厳格なイメージを重視し、軍服や騎馬姿の銅像にしていたら、建立から一世紀以上経た現在でも「上野の西郷さん」などと呼ばれ、親しまれているかは疑問である。あるいは昭和二十年（一九四五）の終戦後、軍国主義の象徴として、取り除かれていた可能性も考えられる。

　長州は、痩せて学者然とした松陰像を、薩摩は立派な体格で度量の大きそうな西郷像を、それぞれ売り出そうとした。こうした「偉人」「英雄」のイメージづくりにもまた、薩長の気質の大きな違いが表れており、興味深い。私が長州は文化会系、薩摩は体育会系と評するゆえんである。

このような銅像ブームの中、明治三十五年、もと彦根藩士たちが、横浜に井伊直弼銅像の建設計画を打ち出す。薩長が築いた「明治維新史」の中で、「安政の大獄」を断行した大老の井伊は徹底した「悪役」だった。そこで元家臣たちは井伊を開国の恩人として銅像でイメージをアップさせ、復権させようとしたのだろう。

ところが、長州閥の政治家や軍人が猛反発し、横槍を入れて邪魔をした。松陰処刑の元凶は、井伊であると言うのだ。しかも時の神奈川県令は長州出身の周布公平《こうへい》（政之助の息子）であった。

それでも紆余曲折を経て、横浜開港五十年の明治四十二年、井伊銅像は横浜掃部山《かもんやま》（現在の横浜市西区）に建立され、除幕式が行われた。参列した大隈重信は井伊を「愛国者」と称える一方、攘夷を行った長州人を「少し馬鹿正直」と皮肉る祝辞を述べている。

伊藤博文の松陰評

松下村塾で松陰の教えを受けた門下生は、九十余人が判明している。松陰という人物は個性が強く、好き嫌いの感情も激しい。すべての門下生と波長が合ったわけではないだろう。実際、突然姿を消す門下生も少なくなかったようだ。

ところが没後、その名がブランド化されるや、大した付き合いも無かったのに、松陰の門下生であったことをことさらに強調し、自身の箔付けに利用する者が出て来る。

一方、明治になり政治家として栄達を極めた伊藤博文などは、この点にかんし正直だったようだ。松陰は伊藤のことを「なかなか周旋家になりそうな」と評しているから、門下生だったことは確かである。ただ、伊藤は家庭の事情などからも頻繁に松下村塾に通えなかった。それでも尊攘運動に加わり、文久二年十二月には高杉晋作らと共にイギリス公使館を焼き払ったりと、暴れている。

後年、伊藤は松陰に対して複雑な思いを抱いていた節がある。幼少の頃師事した寺子屋の師匠や、十六歳の頃、「読書と共に武士の精神を予に教えくれた」という長州藩士来原良蔵《くるはらりょうぞう》につき、多くの談話を残している（小松緑編『伊藤公全集・三』）。

「世の中では、我輩が吉田松陰の塾に永くおったようにして、松陰の弟子のようにいっておるものがあるが、それは事実上間違いであって、我輩は松陰の世話にあまりならない。従って先生のお教えも受けず、実際当人に会うたことも度々はないが……」

などと、語り残したともいう（広瀬豊『吉田松陰の研究』昭和十九年）。何やら伊藤には、松陰の存在を煙たく感じる時があったようだ。

この件につき、『伊藤公全集・三』に所収された伊藤の談話に興味深いものがる。それは、伊藤が東京高輪の毛利家史料編纂所で「安政五年に松陰が書いた書類を発見した」というもの。伊藤は、次のような感想を抱いた。

「その書類によると、松陰は、全く攘夷論者でも討幕論者でもない証拠が上った。つまり議論が変わったのである。しかし、それを見ると、やはり過激だ。政府を苦しめている。政府の方はわかっていることも、松陰は知らずにやっていることもあったらしい。今の政党の首領などもそんなものではなかろうか」

伊藤は四回も組閣するなど、明治を代表する大政治家に成長したのは周知のとおり。しかし三回目の内閣は政党から激しく攻撃され、倒されてしまう。このためか幕末当時、松陰から攻撃された藩政府の気持ちを、理解したようである。だから政敵と松陰が重なって見えることも、あったのではないか。

「日韓併合」の先駆者

もっとも伊藤博文も、松陰を嫌悪したわけではない。明治二十四年十月には萩の松下村塾を訪ね、松陰の教えを受けた者の多くが政界をリードしている感慨を詩に託したりしている。

◉ハルビン駅に建てられていた伊藤博文の胸像

あるいは明治四十年、萩に創建された松陰神社維持会総裁を務めたりもした。

日露戦争に勝利した日本は韓国の保護国権を認められたので、外交権を奪い、伊藤は初代韓国統監となる。この任に就いた伊藤は、松陰の志を継承しているとの自負があったようだ。

かつて国防を論じた松陰は「朝鮮を問責して人質を納《い》れ、貢を奉《ささ》ぐること、古の盛時の如くせしめ」（『幽囚録』）などと述べている。松陰は古代朝鮮は日本に「臣属」として朝貢していたと考えていた。それを再び行わせ、清国の影響を排除し、満州進出への足場にしようと言っていた。帝国主義というより、日本古来の「神話」に根拠を求めていたのが松陰らしい。

明治四十一年十二月、韓国皇太子が日本留学した時のこと。船で下関に到着した伊藤は、出迎えに来た萩の実力者である瀧口吉良《たきぐちよしなが》に向かい、次のように依頼した。

「然らば民治翁《みんじおう》に伝言があるが、翁は健在か。朝鮮は今や吾が掌中に帰したから、翁から松陰先生の神霊に報告して貰い度《た》いと伝えて呉《く》れ」（『吉田松陰の研究』）

伊藤は韓国の近代化を目指したが、韓国内では激しい排日運動が起こる。このため日本は韓国から内政権も奪い、軍隊を解散させた。さらに日本は、「日韓併合」へと駒を進める。明治四十二年四月十日、東京で桂太郎首相と小村寿太郎外相から併合につき説得されると、伊藤はこれを承諾した。伊藤は二カ月後の六月十四日に統監を辞任。もっとも伊藤は、韓国にある程度の自治権を残そうと考えていたらしい。

その後、ロシアのココーフツォフ蔵相と会見するため満州に渡った伊藤は十月二十六日、ハルビン駅頭において、韓国人青年安重根《あんじゅうこん》が放った銃弾に斃れる。享年六十九。

安は旅順《りょじゅん》で裁判にかけられ、翌年三月二十六日、処刑された。審問のさい、安は韓国の名誉が汚されたので、伊藤を殺して、多少なりとも挽回したいと考えたと述べている。だが、皮肉なことに伊藤の死により、併合は陸軍が主導して強圧的となった。

こうして松陰には、「日韓併合」の先駆者といった評価が与えられる。太平洋戦争時、萩出身の福本義亮は崇敬する松陰の朝鮮を支配すべきとの考え方につき、「現時この説の通りになっている」「日韓併合後の現時を思えば、松陰先生の識見や只々敬服敬服」（福本義亮『吉田松陰　大陸・南進論』昭和十七年）などと、賛辞を惜しまない。

その後の松下村塾と松陰神社創建

松下村塾の運営は松陰没後も続いた。幕末の頃は門下生だった久坂玄瑞や馬島甫仙の尽力により、維持された。

明治元年二月十七日には長州藩政府が、塾舎の修繕費用として藩札七百目を給している。以前は自給自足だったが、以後藩より一定の補助が与えられるようになった。

明治五年一月には玉木文之進が自宅で松下村塾を再興したが、明治政府に対する不満分子の養成所と化し、同九年の「萩の乱」へと発展したことは先述のとおり。

玉木没後は明治十三年、杉民治（かつての梅太郎）が引き継いだ。しかし、すでに政治的な問題を討論するような塾ではなく、寺子屋的な存在になっていたようである。そして明治二十五年五月、杉民治が萩の修善講女学校長となったのを機に、松下村塾は閉鎖された。

塾舎保存の話は明治十六年、萩に帰省した松下村塾出身の島根県令境二郎が、関係者と話し合ったあたりから始まったという。

　つづいて明治二十二年、楫取素彦が帰省したさい、先年の境の意見に賛意を示す。東京に戻った楫取は山田顕義・品川弥二郎・堀真五郎らにはかって同意を得、塾舎を改築修理することが決まる。同二十三年には松下村塾保存会が発足し、関係者に寄付を募ったところ、六百二十二円が集まったので、工事に着手した（編さん委員会編『萩の百年』昭和四十三年）。

　その際、塾舎の西隣に土蔵造りの祠を設けて松陰の神霊を私祭し、春秋二回、祭祀を行った。御神体としては、生前の松陰が愛用した赤《あか》間《ま》硯《すずり》と父母あての書簡が納められた。

　さらに松下村塾出身の渡辺蒿蔵が、私祠《しし》ではなく公の神社とするよう熱心に説く。そこで伊藤博文や野村靖が中心となって動き、明治四十年十月四日、県社の社格を持つ松陰神社が創建される。東京に続く、二つ目の松陰神社であった。

　こうして松下村塾とその周囲は、史跡名所として整備されてゆく。大正十一年（一九二二）十月十二日には「松下村塾」と「吉田松陰幽囚ノ旧宅」が国指定史跡となった。

　松陰神社が建てられてからも、杉民治は明治四十三年十一月十一日、八十三歳で亡くなるまで松下村塾の傍らから離れようとはしなかった。萩を訪れた『大阪毎日新聞』の青年記者が、晩年の杉民治の面影を伝える次のような記事を書いている。

「生前、学生団の松陰神社参詣と聞くと、その裏にある自宅から、よたよた杖にすがって出て来て、松陰に関するくさぐさの物語をして聞かせるのが好きであった。

『光陰矢の如しじゃ。皆さんは第一に月日を重んずるの心掛けを養わねばなりませぬぞ。月日をおろそかに過ごすと、この私《わし》のように何一つしでかさぬ厄雑者になってしまう。松陰といえば、ある年の元旦に私が「弟よ、今日は一年中の一番目出度い元日だから、一日だけ学問を休もうではないか」と言うと、松陰はニッコリ打ち笑みて「兄上のお言葉は誠に有難うございます。しかし今日という日は今日かぎり消えてゆく。この貴重な『今日』を無駄に費やれませせぬ」と言うて、読書三昧に入った……。

こんな見るかげもない小さな私塾の中からでも、あれだけのえらい人物が出た。皆さんは立派な学校で、文明の教育を受けておるから、定めてえらくなられるであろう。どうぞ勉強して善い人におなりなさい』」（平野岑一『長州の天下』大正元年）

なお、杉民治の孫杉道助（明治十七年生まれ。母が民治の次女滝子）は関西実業界で活躍し、戦後、大阪商工会議所会頭を十四年間にわたり務めた。「至誠」を座右の銘として、松陰を終生慕っていたという。昭和三十九年、八十歳で没し、松陰と同じ萩の団子岩の墓地に眠っている。

第七章　昭和（戦前・戦中）を生きた松陰

修身と松陰

かつては民衆の間で「密航未遂」「暗殺未遂」のアンチヒーローとされた吉田松陰を、「愛国心」の「教育者」として評価しようとする動きが「国家」の主導により強まって来るのは、明治の終わりから昭和のはじめにかけてである。

国定教科書に松陰が初めて登場したのはもう少し早くて、明治三十七年（一九〇四）のこと。『尋常小学修身書・第三学年』がそれだ。ちなみに修身は明治二十三年の教育勅語発布から昭和二十年（一九四五）の終戦まで存在した小学校の教科で、現在の「道徳」の前身である。もっともこの時は松陰と高杉晋作・久坂玄瑞が登場する人間関係にかんする訓話であり、「愛国心」云々は前面には出て来ない。

それがやがて、皇国史観によって松陰の生涯そのものを紹介するものに変わってゆく。たとえば「昭和二年十二月五日　文部省検査済」の『尋常小学修身書・巻五』には全部で二十九篇の訓話が掲載されているが、うち二篇が松陰を題材とする。

「第十七課　自信」という一篇が、松陰の生涯をかなり無理をしながら紹介しているのが、興味深い。どれくらい無理をしているのか、少し長くなるが次に紹介しよう。


「吉田松陰は長門の人であります。十一歳の時、始めて藩主に召出されて兵書の講釈をいいつけられました。家の人たちはいろいろと気づかったが、松陰は藩主の前に進み出て大ぜいの家来の列《なら》んでいる中で、少しも臆せず、自分の知っている通りはっきりと講釈したので、藩主をはじめ皆大そう感心しました。

松陰は外国の事情がわかるに連れて、我が国を外国に劣らないようにするには、全国の人に尊王愛国の精神を強く吹込まなければならないと、かたく信じて、一身をささげて此の事に尽そうと決心しました。二十七歳の時、郷里の松本村に松下村塾を開いて、弟子たちに内外の事情を説き、一生けんめい尊王愛国の精神を養うことにつとめました。松陰は至誠を以て人を教えれば、どんな人でも動かされない者はないと、深く信じて、『松本村は片田舎ではあるが、此の塾からきっと御国の柱となるような人が出る。』と言って、弟子たちを励ましました。

松陰が松下村塾を開いていたのは、僅かに二年半であったが、はたして其の弟子の中からりっぱな人物が出て、御国の為に大功をたてました。

身はたとえ武蔵の野辺に朽ちぬとも
　留め置かまし　大　和　魂」

いかがであろうか。まず、気づくのが「密航未遂」「暗殺未遂」という、二つの大きな出来事に、まったく言及が無いことである。「暗殺未遂」が発覚したあげく、「賊」として処刑されるのだが、そのさいの心境が最後の部分の「身はたとえ」の歌であるといった説明も出て来ない。

要するに十一歳の時、藩主に兵書を講釈した「片田舎」の秀才が成長して松下村塾を開き、「尊王愛国の精神」の教育者になったというだけの訓話である。

松陰の数々の「犯罪歴」が、国家が求める「修身」に不都合だったから削ったことは想像に難くない。「愛国心」の権化として「吉田松陰」をブランド化し、利用しようという魂胆は見え見えである。松陰に「愛国心」がなかったと言っているわけではない。むしろ、あり余る程の「愛国心」の持ち主であり、そのため法を犯しても「密航未遂」や「暗殺未遂」といった事件を引き起こしたのだが、その辺りは触れない。

ちなみに、この教科書のまとめとなる一篇は「第二十七課　よい日本人」であり、お上に従順な国民になるよう繰り返し説く。個人主義は認められず、国家こそが第一とされた時代だった。政権に従うことが第一だった。そうした基準からすると、果たして「密航」や「暗

◉「自信」の挿画

殺」を企む松陰は「よい日本人」だったのであろうかと考えると、苦笑せざるをえない。

　半ば強引に、「愛国心」を説く理想的な「教育者」としての松陰像が定着してゆく。昭和八年三月、全国師範学校の卒業生一万一千名に対して行った調査中、「主なる崇拝人物」の問いに対し、男子部の一位、女子部の二位となったのが「吉田松陰」であった。ちなみに女子部の一位はフランスの教育者で孤児院長などを務めたペスタロッチー（一八二七年没）である（広瀬豊『吉田松陰の研究』）。

　この調査が行われた年、福本義亮『吉田松陰之殉国教育』という、一千頁を越える著作が出版される。題名からして時代を象徴しているが、序文には「先生の心中深く固く至誠天地を動かし得ざるべきを信ぜられて身を国家に許し、大節に臨んで生死を度外に置かれた奉公殉国の教育であった」とある。

時は流れて平成二十一年（二〇〇九）五月二十九日の『朝日新聞』山口県版に興味深い記事が出た。

当時、山口県教育委員会は県内すべての公立小中学校に「吉田松陰」を取り上げるよう勧告したことを、マスコミが報じていた。特定の人物を、このような形で義務教育の中に採用するというのは全国的にも異例らしい。義務教育課は反対意見に対し、

「山口県の先人として、生き方のいい点だけを取り上げる」

と、コメントしている。

「いい点だけ」取り上げたら、それは「吉田松陰」ではない。しかも何が良くて、何が悪いのかを決める基準は定めずに、勧告だけが出たようだ。

戦前の修身教育の中の滑稽な（現代から見ると）松陰像が生まれたのと同じ土壌を、現代の教育行政の中に感じてしまう。

母滝も修身の教科書に登場

『尋常小学修身書　巻五』では、もう一篇、吉田松陰にまつわる訓話が掲載されている。

明治二十三年八月二十三日、八十四歳で他界した松陰の母滝を主人公とする「第十八課主婦の務」である。やはり長くなるが、次に全文を引用しておく。

「瀧子は吉田松陰の母であります。松陰の父杉百合之助は松陰が少年の頃までは、家禄ばかりでは、くらしを立てることが出来ませんでした。そこで、瀧子はよく夫を助けて、野に出て田畑を耕したり、山に行って薪をとったりして、仕事に骨折りました。又よく姑に事《つか》え、子供の養育につとめ、裁縫・洗濯のことから家事一切をひとりで引受けて、かいがいしく立働き、馬を飼う世話まで自分でしました。

瀧子は姑を大事にしました。三度の食事には暖いものをすすめ、衣服は柔いものを着せるなどしていたわり、裁縫する時は、喜ばれるような話をして聞かせて、慰めました。又姑の妹がこの家に世話になっていたが、或時、重い病気にかかりました。瀧子は久しい間、夜もろくろく寝ずに心から介抱したので、姑は、『忙しくて暇のないのに、親類の世話まで親切にしてくれて、誠に有難い。』と言って、涙を流して喜びました。

後、百合之助は藩の役人に取立てられて、城内にうつりましたが、瀧子は家に留って、よく家政をととのえ、松陰等の養育につとめました。かように瀧子は夫を助けて勤倹力行《きんけんりっこう》したので、家も次第に豊になり、又教育の仕方がよかったため、子供は皆心掛のよい人になりました。中にも松陰は国の為に尽し、たびたび難儀に出会ったが、いつも瀧子は我が子を励まして、尊王愛国の道に尽させました。松陰が松下村塾を開いていた間も、瀧子はよく弟子たちをいたわり、又松陰をたずねて来る同志の人々を親切にもてなしました」

今度は滝を息子に「尊王愛国の道」を歩かせ、陰から支えたとする。松陰が歩いた「道」は「密航未遂」や「暗殺未遂」も当然ながら大きなウエイトを占めるはずだが、当然のごとく触れられていない。

以後、滝は「日本の良妻賢母」のお手本のような存在として、語り継がれてゆく。

十二月には真珠湾攻撃で日米間が開戦する昭和十六年には『吉田松陰の母』という同じタイトルの本が二種も出版され、いずれも版を重ねている。

まず、八月に誠文堂新光社（東京）から福本義亮『吉田松陰の母』が出た。著者福本は松陰と同じ萩の松本村出身で、神戸の実業界で成功し、松陰を研究して数々の著作を発表している。同郷人だけに、他に見ない逸話なども多く、その点では貴重なのだが、しかし巻頭から、

「不抜の国本を護れ、純潔純情な血潮を護れ、そして殉国烈士の子孫を作れといふ精神が、日本母性の血脈中にはいつも躍々と波打ち立つてゐる」

といった煽るような調子である。

十月に泰山房（東京）から初版が出たのが吉川綾子『吉田松陰の母』。こちらは先の福本のような扇動調ではないものの、国に尽くした息子を生んだ母の模範として滝の一生を紹介している。

滝までが祭り上げられてゆく背景には、有名な「産めよ殖やせよ国のため」の国策があった。都市への人口集中、日中戦争の影響などから、昭和十三年は人口増が三十万人という、それまでに比べてかなり低い数字を記録する。危機感を強めた厚生省は翌十四年九月三十日、「結婚十訓」を発表したが、その中のひとつが「産めよ殖やせよ国のため」だった。

『吉田松陰全集』の編纂

吉田松陰は自分の没後、遺稿を保存して欲しいと希望していた。だから家族や門下生たちは松陰の著作や手紙、日記類などを大切に保存し、幕末の頃から少しずつではあるが写本や出版などで普及させた。

まとまった松陰の著作集としては、先に見た野口勝一・冨岡政次編『吉田松陰伝』（明治二十四年）が最初だろう。

つづいて『少年伝記叢書号外・吉田松陰文』（明治二十九年）が出ている。これは民友社刊で国木田独歩が編纂したとされ（『吉田松陰全集・別巻』）、サイズは文庫判よりも一まわりほど小さく、本文は二一九頁。漢文や漢詩が一二点やレ点を付しただけで簡単な解説とともに収められており、当時の「少年」のレベルの高さに驚かされる。

そして、後裔で横須賀高校（現在）の初代校長を務めた吉田庫三が編纂した『松陰先生遺著』（明治四十一）なる大冊が、民友社から出版された。これは主な著作や記録が網羅されており、書簡も三百通以上が集められている。おそらく当時、決定版の全集とする意気込みで編まれたものだろう。

ところがそれでは満足出来なくなったのか、昭和に入ると、山口県教育会が『吉田松陰全集』の編纂を始めた。昭和七年に玖村敏雄《くむらとしお》・安藤紀一とともに編纂委員を引き受けた広瀬豊は、次のように述べている。

「この全集は、既刊文献の誤を正し、且《か》つ極力未完文献を発見するという立場から、総《すべ》ての史料は皆委員の実地調査を経るべきものと想定したるため、史料の探訪は最も重要なる仕事の一であった」（『吉田松陰の研究』）

ちなみに広瀬は海軍軍人で、特に兵学教育者としての松陰への関心が強く、「吉田松陰は、ペスタロッチーと共に教育の神」（前掲書）だとまで言っている。

こうして全国的規模で収集された史料を編纂し、昭和九年から十一年にかけて『吉田松陰全集』全十冊が東京の岩波書店から出版された。採算度外視で岩波書店が引き受けたのは、長野県出身の岩波茂男社長が松陰を尊敬していたからだという。これが、いわゆる「定本版」である。

さらに、漢文が多くて一般にはなじみにくい「定本版」を西川平吉が国文に読み下し、句読点、ルビなどを付して読みやすくした、いわゆる「普及版」全十二冊が昭和十三年から十五年にかけて、同じく岩波書店から出版された。

戦後は「普及版」を底本とした大和書房版（昭和四十九年）、マツノ書店版（平成十三年）の『吉田松陰全集』が出版されたから、いまも古書市場では容易に入手することが出来る。

松陰に関する史料は、これらの全集にほぼ網羅されていると言ってよい。書簡だけでも六百数十通が収められており、松陰の「書き魔」ぶりに、あらためて圧倒される。もちろん集め漏れもあるし、問題点も無きにしもあらずだが、ネットもコピー機も無い時代に、よくぞここまで集めたというのが正直な感想である。

それにも増して驚かされるのが、収集した史料を編纂者たちが出来るだけ手を加えず、翻《ほん》刻《こく》しようとした真摯な学問的姿勢だ。おかげで八十年を経た現代でもなお、学術テキストとしての利用に堪える。

過激な言動の数々も、包み隠さず史料が雄弁に語ってくれる。これは「定本版」が出版された昭和九年から同十三年という、時期が幸いしたのかも知れない。

以降、日本の言論・思想の統制の度は増す。政治に対する議論の範囲がいままで以上に狭くなり、陸軍の暴走に歯止めがきかなくなってしまう。そのような時代の流れを思うと、もう少し全集編纂が遅かったら、皇国史観に不都合な史料は政治的圧力により削除されたり、捏造されていたかも知れない。

玖村敏雄の功罪

全集編纂委員のひとり玖村敏雄は山口県出身で、昭和元年、広島高等師範学校を卒業後、教育畑をひたすら歩いた人物である。

『吉田松陰全集』編纂当時は、広島高等師範学校の教授だった。昭和十九年には文部省の官僚となり、戦後は山口大学教授や福岡学芸大学学長などを務め、昭和四十三年、七十一歳で他界している。

玖村は全集編纂の成果をフル活用して『吉田松陰』（昭和十一年）という評伝を書き上げ、岩波書店から上梓した。著書の中で松陰伝を著すに至った動機を、玖村は三点挙げている。

一点目は「従来の諸著に散見する誤謬《ごびゅう》を訂正する」こと。二点目は「一々原典の出処を明らかにした正伝を作る必要がある」と感じたこと。そして次の三点目が、最も重要だと思われる。

「筆者は少しく立場を変えて家庭人・国家人として生い立ちつつ、求道的生活に即して生長して行った思想過程に重きを置き、それと行動、殊に教育者的行動との関連を見失わぬように注意した。再言すれば松陰の内面的生活の展開を最も重んじたのである」

こうして著された松陰伝は出典も細かく記され、正確な記述に努めたことは高く評価されるべきだろう。

もっとも史料集とは違い評伝だから、その解釈は玖村のものである。あとがきの中の次の一文にも、玖村の松陰観がよく表れている。

「現代及び将来に於てもその烈々たる愛国的精神、その至純なる教育的精神は、なお未だ悉《ことごと》くは実現して居ないところのその雄大なる国策と共にこれを仰ぐ者の心に永く生きて作用《はたら》きつづけ、天壌と窮《きわま》りなき皇運を万古に扶翼し奉るであろう」

松陰の「愛国的精神」「教育的精神」を、「未だ悉くは実現して居ないところのその雄大なる国策」に結び付ける。「大いなる国策」は三次にわたる山東出兵（昭和二年〜三年）、満州某重大事件（昭和三年）、満州事変（昭和六年）、国連脱退（昭和八年）などと続き、この伝記が出た翌年の昭和十二年の七月、盧溝橋《ろこうきょう》事件に始まる「日中戦争」へとつながってゆく。

政権に迎合したような、玖村の松陰像は「権威」となってゆく。その背景には、このころから盛んに唱えられるようになった「国体論」の問題もある。

昭和十年二月、貴族院で憲法学者美濃部達吉《みのべたつきち》の天皇機関説が問題視されたのを機に、天皇を絶対的とする「国体論」を信奉する思想家や政治家（いわゆる伝統右翼）が強い勢力を持つようになった。これに天皇と直結する陸軍や、政権交代に利用したい政友会が加わって「国体明徴《めいちょう》運動」が起こる。

天皇を背景とする軍人・官僚は独走。異論は認めない排外主義がまかり通り、学問・思想・教育の自由が大きく狭められてゆく。

文部省は昭和十一年になると教育の場で「国体論」をきちんと教えられるよう通達を出したり、翌十二年五月には『国体の本義』という中等・高等教育用の副読本を、全国の学校や教育関係団体に配布したりした（古川隆久『昭和史』平成二十八年）。

こうした中で、命がけで「国体」を護ろうとした松陰は利用されてゆく。

二・二六事件と松陰

あらためて述べるまでもなく吉田松陰の「憂国」や「愛国」の志は、時の政権に従順であることではない。あくまで皇室を絶対とする「国体」への「愛」であり、それを政権が歪めたと見なすや、容赦なく牙を剥いて襲いかかるような「愛国心」である。

昭和に入り、政治的発言力を急速に強める陸軍だったが、内部では皇道派と統制派が対立していた。そして昭和十一年二月二十六日未明、「昭和維新」を掲げる皇道派の急進的な青年将校たちが一五〇〇名近くの兵を率いて決起する。かれらは岡田啓介首相殺害は果たせなかったが、斎藤実内大臣、高橋是清大蔵大臣、渡辺錠太郎陸軍教育総監を射殺し、鈴木貫太郎侍従長に重傷を負わせ、永田町一帯を占拠した。いわゆる「二・二六事件」である。決起の目的は「国体破壊の不義不臣を誅戮《ちゅうりく》」することだったが、天皇の強い意向もあり、陸軍当局は鎮圧に乗り出す。こうして兵も下士官も帰営して、青年将校たちは自殺あるいは逮捕されて事件は終結する。

安藤輝三《てるぞう》大尉以下十九名の決起した将校たちは戒厳令下の特設軍法会議で裁かれ、十六名に死刑判決が下った。処刑は七月から三回に分けて行われ、さらに青年将校に思想的影響を与えたとされる北一輝《きたいっき》とその側近西田税《みつぐ》も、黒幕として処刑された。青年将校たちの精神的支柱のひとつは、吉田松陰だった。かれらの処刑前の遺稿を集めた河野司編『二・二六事件獄中手記遺書』（昭和四十七年）を紐解くと、松陰の名が散見される。

安藤輝三（東京出身）は処刑の際、懐中にしていた封筒の中に、松陰神社の御札と四枚の半紙に書いた絶筆を入れていた。遺稿集には血に染まった御札の写真が掲載されており、実に生々しい。辞世のひとつは「国体を護らんとして　逆徒の名　万斛《ばんこく》の恨《うらみ》　涙も涸《か》れぬ　ああ天は　鬼神　輝三」である。

◉二・二六事件慰霊像（東京都渋谷区）

竹島継夫（滋賀県出身）は遺書の中で、松陰に対する思いを次のように綴っている。

「吉田松陰先生獄中に在って、死生有命、人間死ぬときは仮令《たとえ》獄中に在ろうが無かろうが死ぬ。然し生きている限りは人として人の道を踏まねばならぬと言われ、悠々欣然《きんぜん》、最後まで獄舎内で弟子達に孟子の講義をされたそうです。噫《ああ》、大丈夫哉、我れと相隔《へだた》る千万里、せめて真似でもしたい」

中野基明（佐賀県出身）は「明治維新の志士をしのびて」という一文を著し、自らの心情とともに「志士」を論じている。その最後のまとめの部分で松陰について触れ、テロリストとして志半ばに散ってゆく松陰の思いと重ねる。

「吉田松陰の間部閣老を刺さんとして言える。『もし運拙《つたな》く却《かえ》って我が身を失うとも天下の義旗打ち挙り、闕《けつ》（宮城《きゅうじょう》）に赴くの首唱となり、千載の公憤を発し、義を取り、仁をなす道理なれば、いかで命を惜しまんや』と、今日明治維新の志士を偲びて万感交々《こもごも》到る。茲《ここ》に思い出ずる侭《まま》に記す」

中島莞爾《かんじ》（佐賀県出身）は「想痕録」と題した遺書の冒頭で、松陰の『留魂録』を座右の書とし、影響を受けていたことを次のように述べる。

「吉田松陰先生の小塚原に刑せられるるや、その前日獄中てに一大文字を書き遺し、題して『留魂録』と謂う。吾嘗《かつ》てこれが写しを家兄に得、烈々たる尊皇心、切実なる同志愛、超脱せる死生観、短章よく先生の真面目を語るに足るに感じ、座右に置きて以て修身の資《もと》と為《な》す。此所に六年、然も其の竟《つい》に及ばざらん事を恐るるのみ」

磯部浅一《あさいち》（山口県出身）は「死刑判決理由主文の『絶対に我が国体に容れざる』云々は、如何に考えてみても承服出来ぬ。天皇大権を干犯《かんぱん》せる国賊を討つことがなぜ国体に容れぬのだ」と、最期まで抵抗している。しかし、それもまた、

「理に於いては充分に余が勝ったのだ、然し如何にせん、徳川幕府の公判廷で松陰が大義をといている様なものだ、いやそれよりももっとひどいのだ」

と、松陰の例を引き、現政権を徳川幕府に見立てている。磯部の分骨は、かつての上司により崇敬していた松陰が眠る千住の回向院に葬られ、墓が建てられた。

死んでゆく青年将校たちは自身と松陰を重ね、その「志」が継承されてゆくことを願った。「二・二六事件」は「国体」を隠れ蓑とする権力者たちが最も恐れる、テロリスト松陰の「復活」でもあった。

松陰の大陸・南方進出論

「二・二六事件」後、陸軍は生き残った統制派の天下となり、天皇の権威を笠に着て軍備費膨張など、暴走に歯止めがかからなくなる。

昭和十二年七月、陸軍は北京郊外で盧溝橋事件を起こし、これを機に日本は中国との全面戦争「日中戦争」に突入した。戦線は予想に反して泥沼化し、同十三年四月には陸軍の要請もあり、第一次近衛文麿《このえふみまろ》内閣によって国家総動員法が発令される。

さらに国際社会の中で孤立の色を深めた日本は同十六年十二月八日、太平洋戦争を開始。日本軍は東南アジアで快進撃を続け、翌十七年五月には北はアラスカ、南はオーストラリアに迫る太平洋の東半分を、ほぼ手中に収めてしまう。

そして戦況が日本にとって有利に進む中、またもや「吉田松陰」が思い出される。軍国主義盛んなりし昭和十一年から十九年までの間、ちょうど九十冊もの松陰伝の単行本が出版された（大和書房版『吉田松陰全集・別巻』昭和四十九年）。出版事情が悪化する中、平均するとひと月に一冊のペースで松陰伝の新刊が出た計算である。もっとも大半は時局に擦り寄っただけの内容で、今日となっては見るべきものは少ない。

ただ、あらゆる意味において注目したいのは福本義亮『吉田松陰　大陸・南進論』（昭和十七年）という一冊である。「八紘一宇《はっこういちう》」の名のもと行われた、「大陸・南進」は、松陰の遺志を継ぐものだと肯定するのはもちろん、その先見性を絶賛する内容である。

先にも述べたとおり著者の福本は松陰と同じく萩の松本村出身で、神戸で実業家として活躍する一方、崇敬する松陰の研究を行い、多くの著作を発表していた。

福本はまず、安政三年（一八五六）の松陰と久坂玄瑞との論争を紹介する。玄瑞は鎌倉幕府執権の北条時宗《ときむね》が元の使者を斬った史実にならい、アメリカの使者を斬るべきだと主張した。松陰はこれに反対し、神功皇后や豊臣秀吉の遺志を継ぎ、東アジアを日本が制した上で、アメリカ・ロシアを屈服させれば良いと諭す。それは次のよう解説されている。

「松陰先生は烈々たる憂国の至情を披瀝して、我が大陸・南進国是国策ともいうべきものの一端を授《さず》けていられる。蝦夷を開墾基地として北方を睥睨《へいげい》し、大陸的南進的には、朝鮮・満州・支那を圧して南進し、印度にまでも臨まんと主張されている。

かの満州事変以来の日本の国の歩み、進み動向はまさにこのコースを辿っているではないか。日満一心、日支一体、いまや仏印駐兵、泰国和親等堂々たる道義国策の巨歩を進めて、早や既にビルマを通じて印度を伏瞰《ふくかん》しているではないか。これが百年前の幕末尊攘殉国烈士二十七歳の吉田松陰先生の国策である」

つづいて福本は韓国統監となった伊藤博文もまた、松陰の遺志を継いだ者として高く評価する。福本は朝鮮に対する松陰の考え方を、次のように解説している。

「元来、松陰先生は日本の国に最も近きものが、先ず日本に害をなすものであるから、これを仮装（想）敵国として国策を決定し、対処しなければならないとされていたのである。従って朝鮮や支那を対象とされていたのである。此等の解決後に於いて来るものが、米国と露西亜とであると想定されていたのである」

福本が「松陰先生の国策」の典拠とするのは、松陰の著作『幽囚録』である。

松陰は島国の日本が、蒸気船の発明により、西洋列強の外圧の危機にさらされるようになったと観察していた。とくにロシア・アメリカを危険視する。オーストラリアはイギリスが開墾しているが、それは全体の十分の一程なので、日本が手に入れたら、大きな利を生むと言う。

また、朝鮮と満州は海を隔ててはいるが近く、そして朝鮮は古くは日本に臣属していたので、もとに戻す必要があるとも言う。

以上のように日本を取り巻く国際情勢を理解した松陰は、軍事力を充実させて、国権拡大を進めるべきだと説く。

蝦夷を開墾し、カムチャッカ・オホーツクを奪い取り、琉球を諭して服従させる、朝鮮に昔同様貢献させ、北は満州、南は台湾・ルソンの諸島を奪うべきだと訴えるのである。そうしなければ日本は国を保持することが出来ず、衰亡してゆくと言う。

こうした松陰の壮大な策を、福本は次のように解釈する。

「松陰先生は、この世界の皇道仁義化という肇国《けいこく》精神の第一歩の植え付け場所を曰く、大陸・南進に求めていられたのである……三千年来、大和民族が歩いて来た一つの神聖運命を果たすべき時代が来る。これが開国進取であると観念された」

そして、今後日本が進むべき道（世界の皇国仁義化）の上で邪魔になるのは、アメリカとロシアだとする。

『幽囚録』の世界

『幽囚録』はアメリカ密航に失敗した松陰が安政元年十二月、萩の野山獄中で著した。あるいは獄中での夢想かと思いきや、安政三年に久坂玄瑞に同じようなことを述べているところを見ると、やはり当時は真剣に考えていたのだろう。

『幽囚録』を福本は「名著」と呼び、よほどほれ込んでいた様子である。それまでも『幽囚録』は松陰の数ある著作の中でも代表的なもののひとつとして扱われて来た。明治初年には「土州（土佐藩）御蔵板」「松下村塾蔵」として早くも二ヵ所から出版されているし、明治二十四年の「吉田氏蔵版」もある。あるいは昭和八年には山口県教育会から安藤紀一の訓註つきの版も出た。

それは明治以降、まるで松陰の予言をなぞるかのごとく、大日本帝国が朝鮮半島、中国大陸、そして南方へと膨張していったから、バイブル的な存在になったのだ。福本は言う。

「そこでこの『幽囚録』中に現れたる松陰先生の対外雄略ともいうべきものを、部分的に要約端的に摘録して見ると、その根本理念としては

古今、神聖（聖天子《せいてんし》の意）常に雄略を存《そん》し給《たま》い、三韓を駆使し蝦夷を開墾し給う。もとよ

り四夷（海外諸国）を包括し、八荒（八紘一宇実現の意）を併合したまうの志なりき。と謂っていられ、また

上世《じょうせい》の聖皇《せいこう》、威は殊方（外国）に摂《おさ》め、恩は異類（外国人）を撫でたまい、英国雄略、万世に炳燿《へいよう》（かがやく）す。而《しこう》して其己れを虚しうして物を納れ、人の長を採りて己れが短を補い、彼の有を遷《うつ》して我が無をみたしたまう。

とも称していられるが如く、我が肇国の大精神、八紘一宇の大理想、尠《すく》なくとも上古に於ける列聖の皇謨《こうぼ》国策を以てその根本理念とせられ、これを継承して実現せしむるのが、我が国是であり国策でなければならぬと観念されている。そしてこれが実行具現に努力奮闘するのが大和民族の使命であり、時代々々の国民の義務であり、これが先達たることが国土の重責であると信じて居られたのであった」

福本は『吉田松陰　大陸・南進論』の中で、みずから『幽囚録』に注を付け、全文を紹介するほどの熱の入れようだ（別に福本は昭和十四年にも『幽囚録』にみずからの訳注を付け、五十頁足らずの小冊子として自費出版している）。出版時の日本の「国策」のすべて肯定し、その源流を松陰に求める。先述の玖村敏雄の松陰像と重なるものだ。

なお、松陰のアジア観についての最新の研究に桐原健真『吉田松陰の思想と行動　幕末日本における自他認識の転回』（平成二十一年）があることを付記しておく。

◉箱崎公園の松陰像（東京都中央区）

愛国少女と松陰像

『吉田松陰全集』に収められた手紙や日記といった遺稿を読むと、良くも悪くも松陰の人間臭い部分が伝わって来る。ヒステリックで過激、好戦的で理屈っぽく、自己中心的な人物像もまた松陰の実像であろう。幕末当時はもちろん、現代でも社会の枠に収まり切らない人物だったことは、想像に難くない。

ところが戦前、伝記や小説として描き出される松陰像の多くに違和感を禁じ得ないのは、そうした人間的な部分が極力削り取られてしまっているからだ。体制側主導により、偉人や英雄として祭り上げられる人物は、大なり小なりその傾向が見られるのだろうが、松陰の場合はかなり極端で、また強引である。

昭和十三年三月二十二日、東京市箱崎尋常小学校の敷地に、高さ数十センチほどの松陰銅像が建立され、盛大に除幕式が挙行された。式には当時の文部大臣や東京市の関係者も、列席したという。銅像の松陰は穏やかな表情で端座し、右手は膝に置き、左手に書籍を持つ、学者然とした姿である。「教育者」のイメージであり、そこには「密航未遂」「暗殺未遂」の首謀者の面影は無い。作者は竹山蘭山で、台座の「松陰先生」の文字を揮毫したのは海軍大将の高橋三吉だった。

この銅像建立をめぐっては「教育美談」とも言うべき、一篇の逸話がある。

その前年末、岩井光子という同小学校六年生の成績優秀な児童が病死した。この少女はひごろから松陰を尊敬しており、自分の小遣いで松陰の銅像を建てて欲しいと望んでいた。そこで両親は貧しい蓄えを費やしたり、寄付を募ったりしながら、銅像を完成させたのだという。昭和十三年三月二十二日の『東京日日新聞』はこの「美談」を大々的に報じ、翌十四年九月には『愛国少女光子さんの遺言で出来た吉田松陰銅像の話』という小冊子が、蛍雪《けいせつ》書院から発行されたという。

なお、箱崎尋常小学校は昭和十九年四月、戦火を逃れるために児童が疎開した後、廃校となった。その後、敷地は東京都立日本橋高等学校となり、松陰銅像もそのまま置かれていた。しかし同校が移転したため松陰銅像は平成二十二年、近くの中央区立箱崎公園（中央区箱崎町18-18）に移され、現存している。

◉映画「松下村塾」のシナリオ（著者蔵）

映画の中の松陰

戦前・戦中を通して、たくさんの吉田松陰関連書籍が出版されたものの、その生涯は意外と映画化される機会に乏しかった。

映画が娯楽の主流であった戦時中などは、戦意高揚を目的として「幕末モノ」の、いわゆる「国策映画」が量産されている。

だが、松陰を主人公にした作品はほとんど作られていない。昭和十四年、松陰没後八十年記念と銘打ち作られた、重宗和伸監督『松下村塾―吉田松陰伝―』が目につくくらいだ。主役の松陰には、当時の二枚目俳優である高田稔が扮している。

伊藤松雄の脚本（作品社から当時、『シナリオ松下村塾』として出版されている）を読むと、松陰のアメリカ密航未遂事件から始まり、獄中生活、松下村塾主宰などと続く。野山獄の役人福川犀之助《さいのすけ》の娘あきが獄中の松陰をひそかに慕いながら、読書の指導を受けるといった映画ならではのフィクションも加えられている。

最後は「安政の大獄」に連座した松陰が処刑され、伊藤博文ら門下生がその遺体を前に「死しての忠義をこそ」と誓い合う。すると天上から、皇国史観丸出しの次のような松陰の声が聞こえて来て、終わる。

「わが大日本は一君万民の国、天皇万世一系、いや栄えますを、万民奉じて各自その職分をつくさば、国家の大生命、尽くる処なからん！」

『松下村塾─吉田松陰伝─』は東京発声映画製作所の製作で、配給は東宝だった。企画製作に文部省が係わっているのは、いかにもである。

萩市では全国に先駆けて昭和十四年十月十一日から住吉座で上映され、行政が主導して市内全学校の児童・生徒に鑑賞させた。それは娯楽ではなく、青少年啓蒙活動として位置付けられた。

東京では十二月になって公開されたらしい。

もっとも映画界はこの作品以外、松陰を題材に選んだ形跡が無い。神格化、偶像化が進む松陰の生涯を、娯楽作品として描くには憚《はばか》りがあったのだろう。狂信的な松陰崇敬者は自分の抱く「松陰像」以外は認めないだろうから（現代でも）、ややこしい問題が起こる可能性もあり、自由人が多い映画界では敬遠されたのかも知れない。

第八章

昭和（戦後）から平成も生き続ける松陰

戦後の松陰復活

昭和二十年（一九四五）八月十五日の「終戦」を迎えると、日本中のあらゆる価値観がひっくり返った。天皇は人間宣言し、極東軍事裁判で戦犯が裁かれ、日本国憲法が施行された。あれほど叫ばれた「国体」は死語同然となり、多くの若者を戦場に送り込むのに一役買った「殉国教育」「大陸・南進論」の主唱者吉田松陰の名も一時、忘れ去られてゆく。

ところがわずか数年で、奈良本辰也『吉田松陰』（昭和二十六年）を発表して、新しい評価を吹き込もうとする動きが始まった。本書は「時代の子」「封建社会」「学問と実践」「行動の論理」「政治と実践」「対決」の全五章から成る。次の一節などは、松陰を覆い尽くしていた「皇国史観」をぬぐい取ろうとする思いが感じられる。

「彼には、外国の圧迫によって生れた祖国愛があるのみであった。天皇に対する狂信的な崇拝は、祖国のために生命を投げ出そうとする、その行動のより所であり、生命の代償であった」

松陰の「天皇に対する狂信的な崇拝」は認めながらも、

「なぜ、天皇が選ばれたか、それは、幕末日本の行動的な志士たちが安心して生命を投げ出せるような絶対者は、ヨーロッパ世界のように宗教という形で存在していなかったからである」

といった合理的な解釈をする。当時まだ四十前だった奈良本は、「あとがき」で言う。

「わたくしは、時代的関心を欠いた松陰研究は、すべてこれを死物だと思っている」

これなどは、従来の戦意高揚などに利用された、松陰像へのアンチテーゼだろう。

「時代と人間との対決を身をもって悩みつつある私は、松陰の時代に生きた生き方の失敗と真実の中に、了解できる多くのものを見出している」

奈良本は、望めば藩に重用される道はついていたにも関わらず、思想の政治的実践者となり、そして敗者となった松陰の人間像に共鳴する。それは奈良本自身が「学問と思想と、その人間の真価があまりにもかけ離れた人々」を現実社会の中で見て来たからであった。終戦により、思想信条を百八十度転換させた厚顔無恥な学者だらけの時代である。それだけに生命を捨てても時代と格闘した松陰の生きざまは、魅力的だったのであろう。そして奈良本の松陰伝は当時の日本人に熱心に読まれ、好意的に受け入れられてゆく。

もっとも以後、戦後歴史学の世界で松陰の全体像を分析して、歴史の中にきちんと位置付けようとする動きは乏しかった。知名度や人気は高い割に、評価が定まったとは言い難い。そのあやふやさが、現代にも繋がる諸問題を引き起こしてゆく。

松陰の百年祭

奈良本辰也『吉田松陰』が出版された昭和二十六年はサンフランシスコ講和条約と日米安全保障条約が結ばれ、日本は戦後の占領から解き放たれた。

その少し前から、終戦により公職を追放されていた者たちが社会に復帰するようになり、「愛国」「殉国」の松陰像もまた、息を吹き返す。下程《したほど》勇吉『吉田松陰』（昭和二十八年）や福本義亮『吉田松陰の愛国教育』（昭和三十年）などが出版されているのも、そうした需要に応じたものだろう。

「奈良本松陰」による松陰の復権が、奈良本の意図を越え、「軍国主義的松陰像」まで甦えらせてしまったことにつき、田中彰は『吉田松陰』（平成十三年）の中で「戦時中の責任への自覚的な批判はうかがうべきもない」とする。あるいは、次のように警鐘を鳴らす。

「かくして、その後の松陰像の一面には、戦時中の松陰像の基本的発想を変えないままに、多少戦後的な衣替えをしたような、あたかも『墨ぬり教科書』に似た松陰像が存在することも指摘しておく必要があるだろう」

こうした中、昭和三十四年三月から十一月にかけて、「松陰先生殉節百年祭」が萩市を中心に盛大に開催された。奉賛会の名簿には名誉会長として当時の山口県知事小沢太郎をはじめ、地元を中心とする政界・財界のお歴々の名がずらりと並ぶ。

同年元旦に『山口新聞』萩版に掲載された趣旨は「松陰先生の時代と現代」「松陰先生と尊皇攘夷」「自由と統一、講和」「正しい楽しみ」「利己と至誠」「道に則る政治」「松下村塾の教育」「記念すべき年」「記念行事」の九項に分けて、その意義を説いている。

戦前と違い、天皇や国体の問題には、ほとんど触れていない。しかし、主催者たちが戦後の民主主義の行き過ぎを指摘し、そのアンチテーゼとして松陰を復活させようと考えたことは、次の一文からもうかがえる。

「敗戦という悲惨な事実の前にたたきのめされたとは申せ、一時国民は放心状態となり民族の誇りを失って自暴自棄にさえなりました。新しく輸入された民主主義は充分理解されず、誤った自由主義、享楽主義が横行し、人々は唯物的、功利的、利己的にはしり、特に教育に於てはその根底に大きな混乱と動揺を示しておる現状です。

この秋《とき》にあたり、我々は徒《いたず》らに古いものをかつぎ出して復古の波に乗り、逆コースをたどり、封建的なものへ復帰しようとするものではありませんが、現代は正に反省の時機に到達しておるものと信じます。新旧の二つの道の反省に立って新しい行手を目ざすべき十字路に立つものと考える次第であります」（松陰先生の時代と現代）

さらに、十数年前までは「愛国」「殉国」の教育の代名詞だった松下村塾が、次のように戦後の新教育と重ねて説明されるようになる。

「又先生の教育は目的がはっきりしていたという点、――則《すなわ》ちどういう子供に育てあげるかという理想の姿が明りょうであったという点から申しても、その方法が現代の新教育の主張とするところをすべてとり入れられていたという点に於ても……新日本の教育にたずさわる程の人達が一たび日本教育のメッカたる萩に来て、みすぼらしい松下村塾の前に立ち、往時をふりかえって、自からの教育者としてのあり方を反省されるならば、恐らく何人も新時代建設の使命が満身に湧きあふれるのを覚えられることと確信します」（松下村塾の教育）

「愛国」「殉国」は事実であり、それを利用する後世の者に問題があったのだが、戦後民主主義の教育とここまで強引に重ね合わせるのは、いくらなんでもやり過ぎである。

命日にあたる十月二十七日には午前十時から松陰神社において祭典が執り行われ、七百六十八名（萩市より五百七十六名、その他県内より百七十四名、県外より十八名）が参列した。さらに、高松宮の参拝が実現する。

同じ頃、全国ＰＴＡ大会が山口県宇部市で行われた。そこで双方を記念する、松陰肖像とＰＴＡマークをデザインした10円切手が発行される。ＰＴＡと松陰のコラボである。

萩市役所出版の『萩市誌』（昭和三十四年）なども、松下村塾の特徴のひとつとして「個性尊重の教育」を挙げる。戦時中の全体主義社会の中では言及され難い、戦後ならではの評価であろう。こうして松陰は、戦後社会の中で復活した。

なお、「国体」とか「殉国」といったスローガンがあまり使えなくなったため、松陰の本質が薄れてゆく。昭和四十七年五月三十日、イスラエルのテルアビブ・ロッド空港で仲間二人とともに銃を乱射し、二十六名を殺害する無差別テロを行った日本赤軍の岡本公三も松陰を尊敬し、その辞世「身はたとえ」を愛唱していると言われる。

岡本のような、いわゆる新左翼の中にも松陰の持つ暴力的な革命性のみ切り取り、自分たちの運動と重ねようとする動きが出てきたりする。社会が複雑化する中、左右双方から利用される、「玉虫色」の松陰が生まれては消えてゆく。

なお、少し後のことになるが、教育者としての松陰像を史料に基づき浮き彫りにしたものに、海原徹京都大学名誉教授（現在）による一連の研究がある。『吉田松陰と松下村塾』（平成二年）、『松下村塾の人びと』（平成五年）、『松下村塾の明治維新』（平成十一年）の三部作は、松陰の教えを受けた塾生たちがどのように生きたのかまでを具体的に調査し、その影響につき考察している。他に同著者には『吉田松陰』（平成十五年）、『江戸の旅人吉田松陰』（平成十五年）、『エピソードでつづる吉田松陰』（平成十八年）、『松陰の歩いた道』（平成二十七年）などがあり、いずれもミネルヴァ書房から出版されている。

「男はつらいよ」と松陰

昭和四十四年、東京の下町である葛飾柴又《かつしかしばまた》を舞台にした人情喜劇『男はつらいよ』という松竹映画が作られた。大人気を博し、シリーズ化されて平成七年（一九九五）まで二十六年にわたって計四十八本が作られることになる。

主人公は、全国を渡り歩く露天商の「寅さん」こと車寅次郎（渥美清）。その「寅さん」

のモデルが、吉田松陰だとの説がある。むろん、そのままではない。松陰の要素が、さりげなく寅さんの中に散りばめられているのである。まず、松陰の通称のひとつは「寅次郎」だが、これは寅さんと同じ。松陰には三人の妹がいるが、寅さんにもさくら（倍賞千恵子）という妹がいる。時に寅さんは説教くさいが、松陰も同じ癖を持つ。

「男はつらいよ」のラストシーンは、旅先の寅次郎が家に出した手紙が届くというパターンが多い。松陰も旅先から家によく手紙を出している。

なによりも、松陰も寅さんも日本全国をよく歩き回る旅人である。

寅さんとケンカをしてはすぐ仲直りする、太宰久雄扮する近所の印刷屋社長は「タコ社長」と呼ばれているが、本名は「桂梅太郎」という。これなどは、松陰の同志桂小五郎と松陰の兄杉梅太郎から作られた名のような気がしてならない。

特に松陰的なのは、第二十三作「寅次郎春の夢」（昭和五十四年）だ。実家の二階にアメリカ人が下宿するのだが、「アメリカほど嫌いなもんはない」という寅さんは面白くない。「寅次郎」が「梅太郎」に「歴史」を学べと言いながら、こんなうんちくを語る。

「いいか、あの黒船が浦賀の沖に来て、徳川三百年天下泰平の夢が破られて以来、日本は不幸せなんだぞ……こっちが頼み込んだんじゃない。向こうから勝手に来たんだ。いきなり大きな大砲でズドーンて脅かして、無理矢理仲良くしようってんだ。そんなバカな話があるか」

梅太郎から「寅さんは尊王攘夷の方《ほう》か」と問われた寅次郎は「当りまえだ」と返答する。

こうした共通点を指摘したのは、延広真治「『男はつらいよ』偏痴気論―登場人物命名考―」という大変ユニークな論文である。論文集のハワード・ヒベット／日本文学と笑い研究会編『笑いと創造・二』（平成十年）に収められている。

「寅さんを松陰の生まれ変わりとは、余りに突飛過ぎるとの批判もあろうが、動かし難い証拠が存する」

として、他にも幾つかの根拠を挙げる。たとえば松陰の生誕地は松本村の団子岩だが、寅さんの家は団子屋だ。

この論文は、『男はつらいよ』がおじ（叔父・伯父）と甥の物語であることに注目する。父親が没したため叔父夫妻が団子屋を継ぎ、寅さんにとって二人は両親と呼ぶべき存在だ。寅さんは甥で、妹のひとり息子である満男（吉岡秀隆）に恋愛を指南したりもする。

一方、松陰も叔父である吉田大助の家を継ぎ、もうひとりの叔父玉木文之進から厳しく教育される。そして松陰の跡を継ぐのが、「萩の乱」で戦死した甥の小太郎だ。

寅さんの生みの親ともいうべき山田洋次監督（シリーズ中四十六本を監督）は、松陰の故郷と無縁ではない。昭和六年、大阪府に生まれた山田監督は満州で育ち、引き揚げ後は山口県の宇部中学から山口高校（旧制）に進んだ。おそらく、「松陰」の名に接する機会は多かっただろう。

しかし、押し付けがましい「愛国」「殉国」ではなく、松陰の最も人間臭い部分、おかしげな部分を嗅ぎ取って寅さんのキャラクター作りに使ったとすれば、実に面白い。ここまで表面を変えてしまえば、崇敬者にも気づかれることは無かったはずだ。主演俳優の死により終わったシリーズだが、いまなお「国民的映画」とされ、その人気は不変である。

司馬遼太郎が描く松陰

戦後の高度経済成長期を背景に司馬遼太郎が描いた歴史小説の数々は、終戦によって精神的支柱を失いつつあった日本人の歴史観に、多大な影響を与えてゆく。「司馬史観」などという言葉が、もっともらしく語られたりする。

司馬が描き続けたのは歴史を題材としたフィクションなのだが、すでに日本人にとっては娯楽の範疇を越え、「歴史教科書」と化してしまっている。小説ではあるが、そのような読まれ方をしていない点に問題がある。

司馬は平成八年（一九九六）に七十二歳で他界した。しかし司馬が描く「戦国武将」や

「幕末志士」に自身を重ねる政治家や実業家といった指導者は、いまなお後を絶たない。総理大臣の椅子を得た者の多くが、司馬の小説を「愛読書」として掲げたりする。だから司馬が描いたか否か、どのように描いたかによって歴史上の人物の知名度や評価が決まってしまうような一面がある。

そんな司馬が、松陰とその門下生高杉晋作を主人公に据えて描いたのが『世に棲む日日』である。日本の近代化をめぐり賛否両論起こった「明治百年」の翌年である昭和四十四年二月から翌四十五年十二月まで「週刊朝日」に連載され、単行本は同四十六年、文藝春秋から全三冊（文春文庫版は全四冊）で出版された。

作品が執筆されたのは第二次、第三次佐藤栄作内閣の時期と重なる。自民党の佐藤は、山口県出身の七人目の宰相だった。「長州人」を探ることは、現代日本の原点を知ることでもあり、長州人論としても熱心に読まれたようである。それだけに、どのような松陰像が描かれたかは、興味あるところだ。

まず、司馬は松陰の熱烈な天皇崇拝の部分を避けて通る。

「さらには松陰は、この時代のもっとも急進思想である天皇崇拝主義の先端的な唱導者であった」

と説明する程度で、何が「急進思想」「先端的」なのかも、説明は無い。

だから、たとえば嘉永六年（一八五三）十月に初めて京都を訪れ、孝明天皇の思いの一端に触れ、天皇観を新たにして、感激のあまり長詩を作るという重要な場面も、完全に省かれている。あるいは安政二年（一八五五）九月から始まる藩の大儒山県太華との論争の場面は少しあるものの、松陰が「天下は一人の天下なり」と言い切り、天皇を絶対視する部分には触れない。

他にも史実では武士の子弟が通っていた松下村塾に「魚屋」の子を入門させて、まるで現代的な平等主義のような描き方をする。老中などに対するテロについても、極力避けて話を進めようとする（拙著『司馬遼太郎が描かなかった幕末』平成二十五年）。

その結果生まれて来るのは、妙に爽やかな印象の青年だが、歴史を動かしたとは思えない無味無臭の不思議な松陰である。だから、「司馬松陰」は大した反響も呼ばず、司馬の代表作『竜馬がゆく』の坂本龍馬みたいに熱狂的ファンを生むことも無かった。

このような松陰像を描いたのは、司馬の戦争体験と関係するのかも知れない。

大正十二年（一九二三）、大阪生まれの司馬は昭和十八年十一月、学徒動員により旧制大阪外国語学校蒙古語学科を卒業し、軍隊に入った。前線には赴《おもむ》かなかったようだが、栃木県佐野市で陸軍少尉として終戦を迎える。その時「なんとくだらないことをいろいろしてきた国に生まれたのだろう」との思いが沸き、それが後年歴史小説を執筆させたのだという。

世代的にも司馬は、戦時中に祭り上げられ、「愛国・殉国教育」の権化で「大陸・南進論」の主唱者松陰に対するアレルギーが強かったのではないか。そこで司馬なりに取捨選択した結果が、このような天皇に対する思いを極力封印した松陰像だったのだろう。

なお、『世に棲む日日』は『花神』『十一番目の志士』など、幕末長州を題材とした他の司馬作品とともに、昭和五十二年のＮＨＫ大河ドラマの原作となった。脚本を書いたのは大野靖子。毎週日曜日夜、一年間放映されたドラマの前半に、篠田三郎扮する松陰が登場する。なかなかの熱演で、司馬の描いた松陰像をよく体現していたと思う。こうした純粋で爽やかな青年のイメージに徹した松陰像は、小説よりもお茶の間に流れ込むテレビドラマにこそ相応しい。

ドラマ『花神』の制作デスク小林猛は放映開始前、『ＮＨＫ大河ドラマ・ストーリー　花神』（昭和五十二年）の中で、次のような抱負を述べている。

「私たちの『花神』が、若き日の彼らの欠点も多いかわり、若さの魅力にあふれた赤裸々な姿を、いささかの整形も美容もほどこさずにブラウン管に再現できたとしたら、それはどんな反響を呼ぶだろうか」

大河ドラマは昭和三十八年から始まったが、松陰ら「長州志士」を主役に据えるのは、初めてのこころみだった。戦後三十余年が経ち、神格化のベールを剥がして、人間的な部分を掛け値無しで描こうとするスタッフの意気込みが伝わって来る。また、

「『吉田松陰をとり上げるなんて許せない』という投書があった。若い女性の方からである。松陰が天皇主義者だからというのがその理由だった」

などと述べている。「若い女性」の中にも、松陰に対する蟠《わだかま》りが存在していた時代であったのだ。これに対し「批評はもとより臨むところだ」という小林は、「吉田寅次郎が天皇主義の代りに捨てたものは何か」と、問いかける。もっとも、出来上がったドラマでも天皇の問題は原作同様、ほとんど触れられていなかった。

大河ドラマ『花燃ゆ』

次に吉田松陰がＮＨＫ大河ドラマの主要登場人物になるのは『花神』から三十年以上経った、平成二十七年の『花燃ゆ』である。宮村優子ら四人の脚本家によるオリジナルで、全五十回。主人公は松陰の末妹文（井上真央）で、松陰には伊勢谷友介、久坂玄瑞（文の夫）には東出昌大、楫取素彦（文の再婚相手）には大沢たかおが扮した。

作品の出来は惨憺たるものである。シナリオは準備不足が目立ち、史実云々を言う以前に

ドラマとして面白くない。時代考証も視野の狭さが目立ち、幕末から明治の時代を俯瞰的に理解していないことだけは、伝わって来た。毎回の作品について私は、インターネット上で読める『歴史REAL』ウェブマガジン（洋泉社）で仕事として「『花燃ゆ』批評」を執筆したので、そちらをご覧いただきたい。

作品の出来に比例するかのごとく、平均視聴率は十二パーセントと、大河としては平成二十四年の『平清盛』と並ぶ、歴代ワースト記録を樹立して、これも話題となった。

作品、視聴率共残念過ぎる結果に終わった『花燃ゆ』だが、ここで問題としたいのは、題材決定までの経緯である。当時からこの問題は週刊誌などを賑わしていたので、資料には事欠かない。表面に出た情報を中心に、話を進めてゆきたい。

まず、前哨戦として『花燃ゆ』より二年前、平成二十五年の大河『八重の桜』があるようだ。『八重の桜』は会津出身の山本八重子（綾瀬はるか）を主人公に、幕末から明治を描いた、山本むつみのオリジナル脚本による。これにつき『週刊文春』同年四月二十五日号は、

「安倍首相もご不満、綾瀬はるか『八重の桜』視聴率低迷で早くも台本書き直し」

の見出しで、同月三月二十五日、「赤坂飯店で行われたオフ懇の席上」、安倍晋三内閣総理大臣が次のような発言をしたと報じた。

「総理になってから日曜日があくようになって『八重の桜』を見るようになったんだ。でも吉田松陰の描き方は失敗だったよね。粗っぽすぎる。あとは久坂玄瑞もちょっと軽く描き過ぎ。あれじゃ長州をバカにしすぎだよ（笑）」

事実とすれば、「オフ懇」とはいえ軽率過ぎよう。自身の影響力を考慮するなら、首相たる者が娯楽目的のドラマの個人的な感想を、リアルタイムで人前で口にすべきではない。

さらに松陰・玄瑞の描き方に対する不満も、かれらが安倍首相の選挙区である山口四区にゆかりが深い人物だからであろう。首相はよく、尊敬する人物として松陰や高杉晋作の名を出し、挨拶や演説などでその言葉を引用したりする。

安倍首相は生まれ（昭和二十九年生）も育ちも東京だが、国会議員だった父の選挙地盤を受け継いだ。そのため特に山口県では「長州出身の八人目の宰相」などと呼ばれる。それだけに、幕末に長州と敵対した会津がドラマによって注目されることが面白くなかったのかも知れないし、あるいは「郷土愛」アピールだったのかも知れない。ただ、そこから派生する忖度が下へ下へと広がって、歪な松陰顕彰へと繋がってゆく。

現代も山口県においては松陰・晋作、そして明治維新などは「歴史」である以前に、政治家のステータスシンボルとしての意味あいが強い。自身を幕末の松陰・晋作に重ねるのが、通例のようになっている。それは保守も革新も同じというのが、面白い。以前、首相となった民主党（当時）の管直人《かんなおと》（山口県生まれだが、選挙区は東京だった）も、組閣のさい自ら「奇兵隊内閣」と称していた。

大幅に遅れた『花燃ゆ』制作発表

こうしてＮＨＫサイドが安倍首相に気を遣い、その選挙区を舞台とした『花燃ゆ』が生まれたとの疑惑が生じて来る。その大きな根拠となったのは、作り手たちの不自然に見える動向だ。『週刊ポスト』平成二十七年一月三十日号の「新大河『花燃ゆ』と安倍首相&創価学会『ただならぬ関係』」から見てゆこう。

まず、指摘されたのは『花燃ゆ』制作発表の時期が、大幅に遅れたことである。例年ならば放送開始二年前の五月から八月に発表されるのだが、『花燃ゆ』の場合は平成二十五年十二月三日だった。しかも例年ならば制作発表が終わっているような時期である平成二十五年九月の段階になってまだ、チーフ・プロデューサーが脚本家二人を連れ、

「山口県に何か大河ドラマの題材はありませんか」

と、萩市を訪ねていたのである（これについては別の雑誌に萩市の商工観光部観光課長の

証言も、出ている）。「放送の数年前から作品の構想が立てられることも通例」という大河ドラマが、制作発表（それも大幅に遅れた）の三カ月前になってもなお、主人公さえ決まらず、迷走していたのだ。急きょ、何か異変が起こったと思われても仕方あるまい（平成二十七年に没後四百年を迎える「真田幸村」に決まりかけていたも言われる）。この記事は、次の一文で結ばれている。

「『舞台は山口県であること』が重視された形跡がある『花燃ゆ』は不自然きわまりない。それも、安倍政権発足直後に決まったと推測され、それ以外に『山口』である必要性は見当たらないのである」

時期の遅れも異常なら、「主人公」未定のまま先に「山口県」という舞台だけが決まっていたというのも異常である。

大河ドラマの舞台となった地方には、観光客が押し寄せ、莫大な富をもたらすとされる。だから地方自治体による誘致合戦も、白熱化しているようだ。そこに選挙区を持つ政治家に頼る場合もあるだろう。何らかの政治的な力が介入しても、おかしくはない。

山口県のある地方自治体などは臨時職員採用の面接試験で、『花燃ゆ』の感想を尋ねたという。『花燃ゆ』に対し、批判的な話題をすることは一切許さぬとの同調圧力が起こった。

それは行政を批判することにつながると、管理職が部下を脅したといった話も知っている。行政が作った広報などでは、どう見ても世間一般の評価とは異なる賛辞が添えられていた。まるで「大本営発表」である。それもたかだか、娯楽向きのテレビドラマに対してであり、異常な空気に包まれていた。

ドラマの中でも珍妙な出来事は、起こった。五月二十四日放映の二十一話では久坂玄瑞たちによる下関での外国艦砲撃が描かれたが、史実では「アメリカ船」への砲撃が、なぜか「フランス船」になっていた。しかも、先行して出版されたノベライズ版では「アメリカ船」だったにも関わらずである。その理由を『週刊ポスト』平成二十七年六月二十六日号は、四月二十九日に安倍首相が米議会で演説を行い、「日米同盟の強化」などを約束したため、NHK側が配慮したと推測している。

当時の籾井《もみい》勝人NHK会長は、たとえば竹島・尖閣《せんかく》諸島問題につき、「政府が『右』と言っているのに、我々が『左』と言うわけにいかない」とか、放送内容については、「日本政府と懸け離れたものであってはならない」などと、おおよそマスメディアには相応しくない発言を繰り返し、問題になっていた。

あるいは『週刊ポスト』平成二十七年三月六日号によると、「官邸筋」からの情報として、安倍首相が親しい記者に対し、

「大河観てる？　面白いねェ、やっぱりあのドラマにしてよかったな」

と語ったという。他にも安倍首相の下関における支援者の息子である前田倫良《みちふみ》が、奇兵隊士熊七役で抜擢されたとか（『週刊ポスト』平成二十七年六月二十六日号）、不可解な問題は頻発し続ける。

最後にもうひとつ、放映後に指摘されたのは、安倍首相に強い影響力を持つとされる政治団体「日本会議」と『花燃ゆ』との関係だ。山崎雅弘『日本会議　戦前回帰への情念』（平成二十八年）によると、日本会議の副会長が、『花燃ゆ』の主要登場人物である楫取素彦の曾孫だというのだ。

しかも、ドラマの中では桂小五郎（木戸孝允）の功績を、なぜか楫取のものとして描くなどの不自然さが目立った（もっともこの点に関しては、事実にせよＮＨＫ側が一方的に忖度したのであり、子孫にとっては迷惑な話だったと推察するが）。同書は『花燃ゆ』を「安倍首相に『献上』された大河ドラマ？」と揶揄するが、そのような印象が拭い切れない。

松下村塾の世界遺産登録

平成二十七年七月、ドイツ・ボンで開催された第三十九回ユネスコ世界遺産委員会において、「明治日本の産業革命遺産　製鉄・製鋼、造船、石炭産業」が世界文化遺産に登録された。それは九州・山口を中心に八県十一市にわたる、次の二十三の構成遺産から成っている。萩反射炉・恵比須岬造船所跡・大板山たたら製鉄所・萩城下町・松下村塾（以上、萩／萩の産業化初期の遺産群）・旧集成館・寺山炭窯跡・関吉の疎水溝（以上、鹿児島／集成館）・韮山《にらやま》反射炉（韮山）・橋野鉄鉱山（釜石）・三重津海軍所跡（佐賀）・小菅修船場跡・第三船渠・ジャイアントカンチレバークレーン・旧木型場・占勝閣《せんしょうかく》（以上、長崎／長崎造船所）・高島炭鉱・端島《はしま》炭鉱（以上、長崎／高島炭鉱）・旧グラバー邸（長崎）・三池炭鉱　三池港（宮原坑・万田坑・専用鉄道敷跡）・三角西港（三池）・官営八幡製鉄所（八幡）・遠賀川水源地ポンプ室（八幡）

明治政府が近代化政策で最も重視したのは、欧米列強のような先進資本主義国家に一刻も早く追いつくかであった。そのため近代産業の育成、すなわち殖産興業に国を挙げて力を注いだわけだが、その軌跡を辿る遺産ということらしい。

内閣官房産業遺産の世界遺産登録推進室の河村政人室長は公式記録誌（平成三十年）の中で、「8県11市にわたる二十三の構成遺産が一体として一つの顕著な普遍的価値を有する遺産として登録されており、19世紀半ばから20世紀初頭にかけて、日本が重工業（製鉄・製鋼、造船、石炭産業）分野において、わずか50年余りの短期間で急速に産業化した道程を証明」するものだと述べている。その中に、あの吉田松陰が主宰した「松下村塾」が入っている。

もっとも、これも決定への道すじの中で、政権がらみのキナ臭い証言が、『週刊朝日』平成二十九年六月二十三日号に掲載された。前川喜平前文部科学省事務次官によると、国内候補を決める文化庁文化審議会に、首相補佐官によるゴリ押し人事介入があり、「長崎の教会群とキリスト教関係遺産」が斥《しりぞ》けられ「明治の産業革命遺産」に決まったというのだ。

私は直接的に世界遺産登録には関係していないし、決定までの経緯も事情も一切知らない。なによりも興味が薄い。ところが「エピローグ」でも述べるが、松下村塾の世界遺産登録により、私の学問言論の自由が奪われそうになり、あげくは生活そのものが脅かされるという事態が起こった。要は、お前が考える松陰や松下村塾は気に入らないから排除すると言うのである。ならば私も、どのような理由から松下村塾が「製鉄・製鋼、造船、石炭産業」の仲間に入るのか、知っておかねばなるまいと思った。ともかく当局が出している公式記録誌から、該当部分を読むことにした。

イコモスが理解した「松下村塾」

世界遺産登録を記念して作られた公式記録誌の口絵には吉田松陰肖像と松下村塾の写真が掲載され、簡単な説明が付されている。それは松陰の「密航未遂事件」に触れた後、

「後に松下村塾にて、海防の必要性や、産業技術の重要性を説き、人材育成に当たった。そこに日本の軌道を変える大きな輪が生まれ、輪は人から人へと広がっていった。やがてそれ

は明治維新の胎動となり、日本全体を巻き込んでいった」

とある。「海防の必要」は尊王攘夷のことだろうが、「産業技術の重要性」がちょっと唐突で引っ掛かる。「産業革命遺産」と銘打つからには、この部分を重視したいのはなんとなく分かる。だが、戦前あれほどまでに国を挙げて持ち上げていた「愛国心」の「教育者」という評価や、「国体論」はどこへ行ってしまったのだろう。これではまるで別人ではないか。

記録誌によると平成二十六年九月二十四日から十月六日にかけて、イコモスによる現地調査が行われた。イコモスとは専門家の国際的な非政府組織で、ユネスコの諮問機関である。

調査員はイコモス・オーストラリアのサラ・ジェーン・ブラジル。松下村塾は九月二十九日十六時から十六時四十五分まで「現地調査」が行われた。僅か四十五分間である。その際配布された「顕著な普遍的価値に貢献するアトリビュート」と題の付いた資料によれば、松下村塾は次のように説明されている。

「小さな木造建築の私塾。西洋科学技術の情報に対する認識を広めるための拠点だった。松下村塾は、西洋から東洋の鎖国日本への情報伝播《でんぱ》の仕組みと規模を物語っている。明治維新で活躍した重要人物の多くがここから輩出され、後に政治面、産業面での近代化を押し進めた」

これに対し、「現地調査」を行ったイコモス側は次のように理解し、登録推薦に至ったようである。

「松下村塾は、西洋の教育、科学、産業に基づく進歩的な思想を渇望しつつも日本の伝統を重んじた尊王派の師範で、人々の尊敬を集めていた吉田松陰の啓蒙活動の拠点であった」

次にイコモス側は松下村塾の遺跡としての「完全性及び真実性」を、次のように評価する。

「公共の歴史遺跡と体験の場としての開発により、セッティング（立地環境）の景観における完全性が影響を受けている。しかし、この開発は資産全体の完全性を失うものではない」

これは松下村塾の傍らに松陰神社が鎮座し、駐車場が広がり、土産物屋が軒を並べるといった、明治以降の景観の変化を言っているのだろう。松下村塾も松陰神社も、山口県を代表する観光地なのである。だが、この点は問題視されなかったようだ。記録誌を見る限り、松下村塾の登録に支障はなく、すんなりと通った感じである。

しかし、イコモスに対し説明した、あるいはイコモスが理解したという「松陰」や「松下村塾」は、確かに私が知っているそれらとは異なる。ざっくり言えば、松陰は文系の人だと思っていたが、いつの間にか理系の人になっている違和感である。文部科学省が全国の国立大学に対し、人文社会科学系の学部と大学院につき、廃止などの大改編を求めていることが数年前から問題になっているが、そうした動きと重なって見えて来る。

「作場」を設ける

元来興味も薄かった世界遺産登録の経緯を知って、あまり多くを語る気がしなくなった。勝手に世界遺産登録反対論者にされ、人身御供《ひとみごくう》にされそうな恐怖が、そこに見える。

ただひとつ、どうしても気になる点があった。松陰が「産業技術の重要性」を説いたり、松下村塾が「西洋科学技術の情報に対する認識を広めるための拠点」だっとする史料的根拠は何なのか。関係者に尋ねたところ、安政五年に松陰が書いた論策「学校を論ず　附《つけたり》、作《さく》場《じょう》」だと、ご教示いただいた。それは、『吉田松陰全集・五巻』に収められた『戊午《ぼご》幽室文稿』中にある。

「学校を論ず　附、作場」は「人材を聚《あつ》めて国勢を振るうは今日の要務たり。しかして人材一たび聚まらば、則ち国勢振るうを期せずして振るわん」に始まり、学校の必要性が説かれる。もっとも、明治五年（一八七二）の学制公布以後の近代教育で言う「学校」ではないのだが、それはこの際措《お》いておこう。つづいて松陰は「学校」に「作場」を付属させるよう説くのだが、ここが世界遺産的には重要らしい。

「余謂《おも》えらく、作場を起こし、これを学校に連接するに若《し》かずと。船匠・銅工・製薬・治革の工、凡《おおよ》そ寸技尺能ある者、要は皆宜しく治事齋に属すべし。今これを作場に湊聚《そうしゅう》し（集め）、衆知を合せ、巧思広くし、船艦器械を講究せば、必ず成る所あらん。今、寸技尺能なきに非ず。然れども撲樕絲粟（小才凡器）、自ら奮う能わず。或いは良工師あるも、其の徒衆からず、以て事を成すなし」

学校に技術研究所（作場）のようなものを付属させ、そこにさまざまな分野の技術者を集め、知恵を出し合って研究すれば工業（船艦器械）が発展すると言うのである。工学教育の必要を説いていると言われれば、そうなのだろう。

言っていることは至極ごもっともであり、問題無いと思うが、松陰の「作場」の説にどの程度オリジナリティがあるのか、また、当時の知識人たちの説の中で、どの程度突出したものだったのかは、私にはよく分からない。工学など松陰は専門外だろうから、何か元ネタがあるのではないか。全国的に見て他にも考える知識人がいたのではないかとも思えて来る。果たして世界遺産に登録するレベルの話なのか、議論した軌跡が記録誌からはいまひとつと見えて来ない。

さらに疑問に輪をかけるのは、松陰自身が「作場」の説を繰り返したり、強調した形跡があまり見られないことだ。たとえば松陰は東アジアを日本が制するとの説は『幽囚録』で述べたり、久坂玄瑞に説いたりと繰り返している。これでは、どこまで「作場」に信念や執着を持っていたのかも分からない。

それどころか松陰は自ら編集した『戊午幽室文稿』の中で「学校を論ず　附、作場」を独立した一篇としては扱わず、他の直接関係無い二篇と一緒にして「囚室雑論」の題を付けてまとめているのだ。正確に言うと「学校を論ず　附、作場」は膨大な松陰の著作中、『戊午幽室文稿』の中に収められた「囚室雑論」という一篇の中の、さらに一部という扱いなのである。

日本側がイコモスに説明した「明治維新で活躍した重要人物の多くがここから輩出され、後に政治面、産業面での近代化を押し進めた」というのは事実だ。伊藤博文が工部卿になったのをはじめ、殖産興業の面から富国強兵策に関わった門下生は少なからずいる。しかし、それらの事例が松下村塾で行われた松陰の指導と、いかにして結びつくのかを学術的に実証したのだろうか。松陰の過激な尊攘論は門下生や後世の者たちにも多大な影響を与えた。しかし「作場」の一文が門下生たちに特別熱心に読まれていたとか、明治日本の指針になったとかいった話を、私はこれまで聞かない。伊藤たちが、これを読んだと言っている史料も見ない。

たとえば萩市役所が「明治百年」を記念し発行した『萩の百年』（昭和四十三年）では松陰が松下村塾で教えたものとして、「儒教的名分論から出発した尊王思想」などとあるものの、「産業技術の重要性」や「西洋科学技術の情報」などは片鱗すら述べられていない。他の出版物やパンフレット類も同様である。

遅ればせながら私は、世界遺産登録によって突然出てきた新評価に、戸惑うばかりである。世界遺産登録に反対する気は無いが、自分の松陰像を世界遺産のパンフレットに従って変えろ、書くな、喋るなと命じられても、その必要は無いとしか言いようがない。いざ、松陰となるや「学問の府」も、この様では思いやられる。

この感じでは、「権威」を与えられた「御用学者」が、松陰の「西洋の教育、科学、産業に基づく進歩的な思想」を絶賛したり、工学教育のパイオニアに祭り上げてゆくかも知れない。そうなると、戦前と似たようなもので、悪質だ。明治維新当時の「鷹犬を収める為に姑らく彼を容る」といった奥平謙輔の嘆きが繰り返されるのではないか。

教科書から松陰が消える？

大河ドラマ化され、松下村塾が世界遺産に登録される一方、「吉田松陰」が日本史の高校教科書から消えるかも知れないという騒ぎが起こる。

高校と大学の教員など四百人ほどでつくる「高大連携歴史教育研究会」が平成二十九年十

一月に発表したのは、増え続ける歴史用語の精選だった。現在、記憶すべき用語は約三千あるそうだが、これを半分に減らすとの提案である。そして削られる中に、「吉田松陰」が入っていた。

確かに松陰を、日本史の中に位置付けるのは難しい。三十年ほどの生涯は「密航未遂」「暗殺未遂」と失敗の連続であり、それ自体が歴史を動かしたわけではない。

高校の日本史教科書などで松陰の名が出て来るのは、大抵「安政の大獄」のところである。「安政の大獄」の処刑者代表のような格好になっている。ところが「安政の大獄」とは主に、大老井伊直弼と将軍継嗣問題で対立した「一橋派」と、「戊午の密勅」降下に尽力した者たちに対する弾圧であり、これらに松陰は直接関与していない。条約勅許反対を朝廷に入説していた梅田雲浜との関係を疑われ、江戸に送られて取り調べを受けたのである。

そして、嫌疑が晴れたにもかかわらず、みずから老中暗殺計画を仄めかしたため、松陰は処刑された。言わば「安政の大獄」の傍流の犠牲者である。松陰の処刑は「安政の大獄」を象徴するものではない。歴史の流れを簡潔に説明するのに「吉田松陰」が不可欠かと問われれば、好嫌は別として難しいとしか言いようがないのである。

ただ、こうした報道に対する山口県議会議員の反応は、興味深いものがあった。この県議はご自身の平成三十年新春の集いにおいて、次のようなスピーチを行っている（『はぎ時事』平成三十年一月十九日号）。

「3年後に高校の教科書が改訂される。その中で坂本龍馬や吉田松陰先生の名前を消していこう、削除しようという報道があった。とんでもない話し。歴史を知らずして将来が語れるでしょうか。歴史あっての未来です。特に今年は明治維新150年の節目の年でなんてことをするのでしょうか。河村先生、林先生にもお願い申し上げましたが、どうぞご安心下さい。そんなことは絶対にさせないよ、ということだった。こういうことはあってはならない。今年初めに両先生にお願いして、しっかりと捉えていただき安心しました」

私はこの県議を以前から存じ上げているし（好人物だと思う）、お世話になったこともある。だが、この主張に関しては間違っていると思う。

まず、「歴史を知らずして将来が語れるでしょうか。歴史あっての未来です」は正論だが、問題はそこではない。簡潔な記述を目指す教科書レベルの「歴史」の中に、「吉田松陰」を位置付けることが困難だから、除くかも知れないということである。

それでも教科書に松陰の名を残したいというのは、私も同じ思いだからよく分かる。しかし、その手法が決定的におかしい。

スピーチの中で「先生」と敬称される二人の政治家は、いずれも山口県を選挙区とする国会議員で、ひとりは元文部科学大臣、いまひとりは当時現役の文部科学大臣である。教育畑

◉萩市・団子岩の松陰、金子重之助銅像

で絶大な権力を持つ政治家が、「そんなことは絶対にさせないよ」と、学問の成果である教科書の記述へ介入するなど、絶対に許されるべきことではない。そんなことが罷《まか》り通れば、歴史の教科書に登場する人物は、その時の権力者の地元出身者が重視されることになる。

　では、松陰を教科書に残すには、どのようにすればいいのか。

　高知の郷土史家で、坂本龍馬研究に生涯を捧げた平尾道雄が亡くなった際、司馬遼太郎が寄せた追悼《ついとう》の言葉の中に、次のような一節がある。

「一地方の歴史が日本史そのものになるというのは学問の力であり、政治や運動の力でも何でもない」（『平尾道雄選集・一』昭和五十四年）

　幕末以来、松陰はあまりにも政治により利用され過ぎた。

なぜだろうか。ある意味政治の世界ほど俗っぽく、欲望にまみれた泥々としたものはない。

だから、ひたすら純粋に生きた松陰に憧れ、ついには自身と重ね合わせてみたくなるのかも知れない。だから松陰が教科書から消える可能性が出て来たら、真っ先に政治や権力で解決しようといった動きが出て来る。もし、松陰の名が、歴史の上から忘れ去られようとしたなら、それを食い止めるのは誠実な「学問の力」でなければならないはずなのに。

エピローグ

松陰190歳の末端にいる私

本書執筆のきっかけ

以前から「吉田松陰」という人物は二十九年あまりの生涯だけでは無く、肉体が滅んだ後にこそ大きな意味があると思っている。だから松陰没後、長州藩によって尊攘運動のシンボルとして神格化されてゆく過程を追い、朝日新書の一冊として『吉田松陰―久坂玄瑞が祭り上げた「英雄」』（平成二十七年）を著したりした。もっとも、その時点での私はある意味において傍観者で、「史料」や「史実」を観察しながら書き進めた。

このたび本書を執筆する必要に迫られたのは、平成二十七年九月十五日、私が特別学芸員（非常勤嘱託職員）を務める萩博物館の一室に、清水満幸館長の呼び出しを受けたことに始まる。それは『朝日新聞』同年九月十日付「文化の扉」欄の「異説あり　松陰　過激な革命家」という記事に掲載された、次のような私のコメントについてであった。

「松陰の本質は教育者である以前に兵学者・革命家。要人暗殺により政局転換を図ることをいとわない点からは『テロリスト』と言ってもおかしくはない」

「『テロリスト』という評価については、幕末と現代では常識が大きく異なっていた点を考慮する必要もありそうだ。

一坂さんも『当時は言論が閉ざされると、暗殺がしばしば起きた。しかも日本には元々、劣勢な側が暗殺で状況を逆転するのを称賛する空気がある。赤穂四十七士がその典型』と話す」

「『松陰は純粋な人で、どうやって異国から日本を守るかしか考えていなかった』と一坂さん。ただし明治初めまでは、その過激な思想家・革命家としての面が評価を受けていた。

教育者という面が強調され始めたのは大正の終わりから昭和の初めにかけてだ。1927年の『修身』の教科書には、松陰が松下村塾を開き、『尊皇愛国の精神を養うことにつとめました』とのみ書かれている。

『松陰は死後、利用され続けてきた』と一坂さんは語る」

確かに前月末、朝日新聞東京本社の宮代栄一編集委員より直接取材を受け、この通りではないにせよ、コメントをした。目新しい話でも無いのに、扇情的な書き方はどうかとも思う。ただ大筋で私の考えを伝えており、何ら恥じることはない。

テロは諸説のうちのひとつ？

ところがまず、清水館長はこれが萩市の「総意」になるので、今後私の言論を統制するようなことを言う。それに対し私は、名前を出してコメントしているので個人の見解であり、総意にはならないこと、それはたとえば東大の教員が政権を批判しても、東大の総意にはならないことと同じだと述べたが、まったく聞く耳持たずであった。

つづいて内容の話になったが、私は松陰がテロを企んでいたことなど、いまさら議論する余地も無い「史実」であり、新説や新解釈でもなければ、取り立てて騒ぐことではない旨を説明した（テロ・テロリストの定義については後述する）。

ところが、館長はテロは諸説の中のひとつに過ぎないと言う。だから、これから私が松陰を自分の言葉で語ることは許さず、萩市が作った世界遺産の「パンフレット」に掲載された松下村塾の説明に従えとの厳命である。

それが「組織」というものだそうだ。しかも今後私が著すものは、公表前にすべて「検閲」すると言う。あるいは例え勤務時間外であっても、いつ、誰と会い、何を話したか、書面で報告せよとの命令だ。まるで犯罪者扱いである。

その頃私が著していたのは松陰とも萩とも、明治維新とも直接関係の無い映画論『フカサクを観よ　深作欣二監督全映画ガイド』（青志社）だったので、念のため尋ねたところ、それも検閲の対象になるとのこと。

私は今回のコメントの典拠として『吉田松陰全集』に収められた松陰の書簡を挙げ、「諸説」のひとつではないこと、そんなに否定したいなら『全集』や史料の否定（もちろん実証的手法によって）から取り組むべきだと言ったが、これもまた聞く耳もたずである。

納得出来ない私は、誰かの人権を侵害したとか、明らかに法に触れるというのならともかく、歴史上の人物にかんする「史実」や「評価」により、そのような事を命令される筋合いはないと反論した。すると館長は松陰の評価を行政が統一する理由として、私のまったく与《あずか》り知らないことを話し始めた。

松下村塾を「明治の産業革命遺産」として世界遺産に登録したことを疑問視する声が韓国やユネスコ関係から起こっており、「官邸」は慌てて萩市の職員をたびたび呼び寄せて対策を練っているのだとか。「官邸」の話を知らないのかと問われたが、私ごとき下っ端が、そんな密室での話を知っているわけがございませんとしか答えようがなかった。それに、こんな私のコメントごときで世界遺産が取り消されるとは到底思えないので、八つ当たりも甚だしい。

さらに館長は、かつて私が大河ドラマ『花燃ゆ』の内容につき、批判めいたものを書いたことに触れ、行政の行うことに対し批判することは許されないと言う。行政批判の権利が私に無いか否かは別として、松陰に対する史実をもとにしたコメントや娯楽ドラマの感想が、どうして「行政の批判」に繋がるのか、ちょっと理解出来ない。

私は大河ドラマ誘致にも、世界遺産登録にも直接関わっていないし、まして裏側なんて本当に何も知らない。世間では色々と政治絡みのどす黒い噂も囁かれているようだが、私にすれば興味が薄い話（無いと断言してもいいが、語弊があるとよくないので）である。結局この日は勤務時間を一〇〇分ほど費やして話し合ったが、平行線で終わった。

私は「松陰１９０歳」の歴史の末端に、自分自身がいつの間にか立たされていると痛感させられた。「松陰」という歴史が政治に利用され、さんざんに扱われて来たことを知っている私は、歴史の「証言者」という資格が与えられたと思った。これは、黙って尻尾を巻いて逃げる訳にはゆかない。

繰り返すが、本書執筆の直接の動機はここにある。

さて、「学問の府」である公立博物館の長は、一方で行政の中では市長の代弁者でもあることは理解しているつもりだ。行政という「組織」を挙げて、『フカサクを観よ』まで検閲する気なら、たまったものではない。ここは除けとか、ここは評価を変えろとか言われるのだろうか。そうだとすれば、時代錯誤も甚だしい悪質な「組織」としか思えず、だから私はどのように対処すべきか迷った。

そこで遅ればせながら、世界遺産関係の資料を読むことになったのは、本篇でも触れたとおり。パンフレットよりも詳しい記録誌を読み、松陰や松下村塾が日本における工学教育の先駆けとされていることを初めて知った。これは、オフィシャルな『萩市史』にも記載が無い、「新解釈」「新説」とお見受けする（新説が悪いと言うわけではない）。

ただ、自分の見解ではないから、従えと言われても困る。著述や講演による収入は私の生活の多くを支えている点からしても、重大問題だ。

市議会でのつるし上げ

何日か後、清水館長は私の執務室にやって来て、今回の件につき松陰を崇敬する「ある組織」が、萩市議会を使って私のコメントを問題視する計画があると予告した。私はどこの、どんな組織なのか尋ねたが、全国規模の組織であり、その名は言えぬとのことである。

毎度のことに苦笑するしかないが、清水館長はあろうことか行政の意向ではなく、名前も出せない「ある組織」の意向で動いていたことが判明した。清水館長からの、言論弾圧まがいの命令は萩市の意向ではなかったのだ。これは萩市という行政の「組織」の名誉のためにも、先に述べておく。

そのことは同年十二月六日の萩市議会における、関伸久市議会議員の一般質問（質問順位17）により、さらに明確になる。ちなみに私はこの関市議とは、まったく面識が無い。失礼ながら、それ以前には名前すら知らなかった。当然ながら恨みを持たれる覚えも無い。

事前に関市議が議会に出した通告には、質問項目として「吉田松陰はテロリストなのか？

朝日新聞の記事に対する市長の見解を問う」とある。
当日議会は萩ケーブルテレビで生中継された。質問に立った関市議は新聞記事の「一部」を読み上げた後、こう切り出す。

「ここで、私が問題視しているのは、こともあろうに、萩博物館特別学芸員が、松陰先生をテロリストと称していることです。本当にテロリストなんでしょうか？　テロリストという言葉には、皆さんも御存じのとおり、無差別殺人者という意味で主に理解されています。松陰先生は無差別殺人者だったのでしょうか。この記事の小見出しに、暗殺で政局展開を画策ともありますが、松陰先生は目的を持って特定の人物の暗殺を企てたことはあっても、無差別殺人は企てていません。ましてや、暗殺という行動も実際は実行していません。そのような人がテロリストと称されることに、かなりの違和感を覚えます」

なんと、初っ端から私は松陰が「無差別殺人者」との説の主唱者にされてしまったのである。主張していないことを主張したと言われ、その上で話を展開されるのは迷惑だ。しかも、事前に何の問い合わせも無かった。
まず、問題にすべきはテロの定義だろう。ブルース・ホフマン／上野元美訳『テロリズム』（平成二十一年）には、テロリストとその他の犯罪者との識別を、次のように述べる。

「●目的と動機の本質は、政治的なものである。
●暴力を使う。または、暴力を使うと威嚇する。
●目的の被害者または攻撃目標だけでなく、それを見まもる人にまで心理的影響が波及するのを意図している。
●指揮系統または協力体制をもつ組織によって行われる（その組織員は、制服も記章も身につけない）。
●サブナショナル集団による犯行だ」

これを定義とするならば、政局を転換させるべく幕府重鎮の水野や間部の暗殺計画を立て、門下生たちを教唆した松陰はほぼ当てはまる。「テロリズム」イコール「無差別殺人」ではない。この関市議の質問に対し藤道健二萩市長は「テロリズム」の定義には触れず、次のように回答する。

「市長の個人的な見解、歴史認識のお尋ねですが、歴史上の人物についての評価は個々人の立ち位置や、獲得してきた情報により異なってくるものと思います」

そして記事につき、新聞社に「萩市として抗議」するつもりは無いと言う。すると関市議は、予告どおり私に対する個人攻撃に移ってゆく。

「今回の朝日新聞の記事は、萩博物館特別学芸員の語りを引用する形で記事にされたものですが、これは萩市の公式見解と思っていいんでしょうか」

先述の清水館長と、言っていることがまったく同じである。私の言動が「萩市」の「公式見解」になるなら、大したものだ。そんなことは、私の何倍ものお給料を税金から貰っている市議先生ならば、お分かりであろう。これに対し市長は「萩市の公式見解ではありません。これは一坂太郎さんの見解でございます。以上です」と、実に簡潔に答える。

世界遺産登録反対も私のせい？

それから新聞記事をめぐる同じような応酬（関市議はかなり粘着質なのか、理解力に乏しいのかよく分からないが）が繰り返される。さらに藤道市長は、関市議が新聞記事の一部を故意に省略していることなど指摘し、「一坂さんは、松陰先生は、今で言うテロリストだとは必ずしも言っていない」などと、述べる。

するとと関市議はこれが「萩市民の誇りやプライドを侵害するものだというふうに私は理解

しております」とか「松陰先生の教えを守り、伝えて残してくれている人たちが、今まさにここにもいるわけですから（中略）今回の朝日新聞の記事は、まさにそういった御尽力された人たちのプライドや誇りを侵害する」とか言い出す。市民の総意であると言いたげだが、これは典型的な同調圧力による「敵づくり」「悪者づくり」の手法である。清水館長から私が聞いていたのは、「ある組織」だったが、「萩市民の誇りやプライドを侵害」と、やや異なって来ている。しかし、根っこが同じなのは、検討するまでもなく明らかだ。そして話は私の進退の問題にまでおよび、藤道市長は次のように発言する。

「私は一坂太郎さんは、ここに書いてあることは彼の持論です。これをもって彼が、例えば私どもの職員でございますが、それを例えば辞退していただくとか、そういうつもりはございません。彼の持論は尊重する」

当たり前のことだと思う。政治の力でこうした言論が侵害されたら、基本的人権の問題になってくる。小学校の社会科でも教える話である。

なによりも情け無いのは関市議の質問からは、私が書いた松陰を主テーマとした何冊かの書籍を、まったく読んだ形跡が見られないことである。市議が言う、松陰を「伝えて残してくれている人たち」の中に、私は間違いなく入っておらず、あくまで攻撃の対象でしかない。

これは公立の博物館を代表する、清水館長も、同じスタンスである。だが、手前味噌で申し訳ないが、私は博物館の公務以外にも「松陰」を講演（千数百回に及ぶ）や執筆活動で、三十年近くさんざん伝えて来た。ためしに「松陰」とタイトルに入っている自著を挙げたら、次のようになる。

世論時報社『吉田松陰門下生の手紙』（平成五年）
ベストセラーズ『松陰と晋作の志』（平成十六年）
萩ものがたり『松陰先生のことば』（平成十七年）
第三文明社『時代を拓いた師弟　吉田松陰の志』（平成二十一年）
学研パブリッシング『史伝吉田松陰』（平成二十二年）
集英社『司馬遼太郎が描かなかった幕末　松陰・龍馬・晋作の実像』（平成二十五年）
ベストセラーズ『吉田松陰と高杉晋作の志』（平成二十六年）
ＫＡＤＯＫＡＷＡ『吉田稔麿　松陰の志を継いだ男』（平成二十六年）
ＫＡＤＯＫＡＷＡ『楫取素彦と吉田松陰の妹・文』
中央公論新社『吉田松陰とその家族』（平成二十六年）
朝日新聞出版『吉田松陰　久坂玄瑞が祭り上げた「英雄」』（平成二十七年）
湊川神社『楠木正成公と吉田松陰　正成になりたかった松陰』（平成二十七年）

松陰神社（東京）『松陰神社ものがたり』（平成三十年）

他にも関連の史料集を数点編纂《へんさん》した。それが「歴史」を伝えることだと信じていたのだが、関市議の解釈では、どうも違うらしい。「ある組織」などは、私が本を書くこと自体が面白くないようだが、「吉田松陰」の普及にかんしては、いささか貢献して来たとの自負がある。

ところが関市議はひたすら新聞記事のコメントをかい摘まみ、自分なりに勝手な解釈を加え、市議の立場を利用して見も知らない弱者（一介の非常勤嘱託職員）への個人攻撃を、議会という公の場で繰り返す。そして話は、私とは直接関係の無い世界遺産に飛び火するところもまた、清水館長とそっくりである。関市議は言う。

「私はこれは一概に、朝日新聞社の勉強や調査が足りないか、あるいは萩博物館特別学芸員の一坂さんの発言が後ろ盾に記事が構成されているかなというふうに理解しています」

私は思わず声をあげて笑ってしまった。「勉強や調査が足りない」のは、どなたであろうか。それに私には朝日新聞も、ユネスコも動かす力は無い。世界遺産登録に対して批判が噴出しているらしいが、それを私に原因があるように言うのは、まさに八つ当たりだ。市議が憶測で、こんなことを議会でまくし立てて許されるというのも驚かされる。あくまで私は、一個人なのである。そしてなにより、何度も言うようだが、世界遺産登録について私は興味が薄い（無いと言いたいところだが、語弊があるとよくないので）。そのせいか、マスコミ等から発言を求められたこともなければ、発言したこともない。

にもかかわらず、清水館長や関市議はどうしても私を「世界遺産反対論者」に仕立てたいらしい。

何か不都合が起こった場合（世界遺産は登録の見直し、取り消しもある）、「敵」を設定しておく準備のようにも思える。

しかし、私にとっては迷惑以外の何物でもない。先の書籍を読んでいただければ分かるが、松下村塾が「世界遺産」になろうが、なるまいが、私にはなんの関係もないのである。

それから関市議は、清水館長が私に強要した世界遺産のパンフレットを絶賛した後、市長に迫る。

「やはり抗議の意味も含めて、これを朝日新聞に送って、もう一度松下村塾が世界遺産ではないんじゃないかという誤解を解くためにも、これを送りつけてほしいなと思いますが、そのような覚悟はありますでしょうか」

「覚悟」でパンフレットを送るという最後の部分に対し市長は苦笑しつつ、「覚悟とおっしゃいましたが、その必要はないと考えています」とあっさり返す。

なぜ、このパンフレットに関市議も清水館長もこだわるのか。それは、要するに「産業遺産」として世界遺産に登録されるような要素は、このパンフレットにしか書かれていない「新説」だからである。もちろん、幕末の知識人の多くがそうであったように、松陰は洋学を推奨し、世界情勢にも強い関心を示していた。その目的の第一は尊王攘夷である。西洋と戦うために、西洋を学ぶのだ。しかし『萩市史』にも工学教育などは載っておらず、他の松陰伝記でも読んだ記憶がない。研究を積み重ねて世界遺産という評価につながるのかと思っていたが、どうやら結果が先にあったようだ。これは学問ではなく、政治の手法である。ならばなおさら、私には関係ない。

ただ、私の「言論」に対する考え方は清水館長よりも遥かに藤道市長に近いことは分かった。

そうなると一体、萩市立での萩博物館は、誰の意向で運営されているかという大きな問題が残るのだが、これは本筋とは外れるから別の機会に考えたい。

松陰の言葉を文化財に？

関市議は最後に萩市の明倫小学校で毎朝松陰の言葉を朗唱していることに触れ、絶賛する。翌年の「明治維新１５０年」のイベントでも朗唱が行われるなどと言う。

それはそれで、喜ばしいことである。なぜなら、この朗唱の全文を全国的な出版物で初めて紹介したのは私であり（『松陰と晋作の志』）、その後、萩市がらみの出版物（『松陰先生のことば』）として企画し、まとめたのも私だから多少の思い入れがあるからである。ただし、関市議はそのことは御存じないのか、触れようとしない。そして最後に関市議は、

「私はある意味、この松陰先生の残した言葉というのは、無形文化財ではないんですが、文化財として位置付けてもいい」

などと言い出す。「教育部局に文化財を移して」とまで言う。

これは、とてもおかしい。政治家として「教育」や「文化財」や「歴史」に対するセンスが、欠落しているとしか言いようがない。特定の人物の言葉が「文化財」に相応しいか、否かなど普通に考えても理解出来そうなものである。それに「世界遺産」と言い、「文化財」と言い、この市議はよほど「権威」がお好きらしい。本書でも繰り返し述べて来たが、松陰というのは歴史上の人物である。誰かにとって都合のよい部分だけを行政が切り取り、「文化財」とすることは許されない。本書でも引用した、

「禁はこれ徳川一世の事、今時の事はまさに三千年の皇国に関係せんとす、何ぞこれを顧《かえり》み

るに暇《いとま》あらんや」（法律は今の政権が決めたことであり、三千年続いた日本のためなら破ってもかまいません）

「一人の奸猾さえ仆《たお》し候えば、天下の事は定まり申すべく候」（一人の悪者さえ殺せば、政局はひっくり返ります）

「死を畏《おそ》れざる少年、三、四輩、弊塾（松下村塾）まで早々お遣わししかるべく」（死んでも良いと言っている少年がいたら、三、四人ほど私の塾に寄越して下さい）

などもすべて松陰の言葉である（カッコ内の意訳は小学生にも分かりやすいように、私が付けた）。政権が「国体」を歪めたと見るや、死に物狂いで襲いかかってゆく言動も含めて、「吉田松陰」は成り立っている。私などは、そんな松陰に強烈なシンパシーを感じるし、愛しくて仕方ない（テロを肯定するわけでは決してない）。そもそも松陰は、テロリストであることを誇りとしていたのではなかったのか。だからわざわざ取り調べの席で口にして、堂々と処刑されていったのではないのか。もし、こうした「不都合」な言葉も含めて行政が「文化財」に指定したら、当然非難が起こるだろう。

果たして議会で提案した関市議は、受けて立つ「覚悟」があるのだろうか。

それは、東京の新聞社にパンフレットを送る程度の「覚悟」の比ではないと思うのだが。そもそも、こんな議論が税金で運営されている市議会の場に相応しかったのだろうかという疑問も残る。政治家として他人の仕事を侮辱するなど、恥ずかしいことだと思う。

松陰に泥を塗りたくっているのは、「ある組織」のような連中のような気がしてならない。今後もし歴史上の「偉人（この定義も難しいが）」の評価（あるいは史実）が、誰かのお気に召さないものであったとしたら、今回のようにいちいち博物館長や市議が乗り出して、議会でつるし上げるのだろうか。

そして、それは「政治」で解決出来る問題なのだろうか。政治家による議会での一方的な個人攻撃で著しく名誉を傷つけられた私としては、反論する場も与えられないので、ここで反論しておく。

かつて松陰を都合よく利用し、国の進むべき道を誤った土壌はこのような人々により、きっちり受け継がれている。そのことは「松陰１９０歳」の末端に立たされた者として、今後も見守り、記録してゆかねばなるまい。「松陰２００歳」の頃、日本はどんな国になっているのだろうか。

なお、この藤道市長と関市議とのやり取りの議事録は、萩市の市議会ホームページで全文公開されている（平成三十年二月現在）。興味を持たれた方は、閲覧していただきたい。

明治維新ゴッコ

ここ十年ほどだろうか。私の研究テーマである「吉田松陰」とか「高杉晋作」といった歴史上の人物が、やたらと現代の政治家のイメージキャラクターのようになり、それに忖度するかの如く祭り上げようとする風潮が、地元山口県では強まっている。

かと言って、松陰や晋作に関する史料収集や研究が盛んになったわけではない。アバタもエクボ的なお国自慢に加担し、崇敬しているというポーズを決めることが、「愛国心」や「郷土愛」の持ち主であることを表すステイタスになっているようだ。「わしの方が、わしの方が」と、「学問」とはほど遠い政治的な手法で出てこようとする「研究者」「郷土史家」も、後を絶たない（それは肩書の問題ではない）。

偶像化したり、明治維新ゴッコをするのは勝手だが、酔いしれた人の多くはいつの間にか「松陰」や「晋作」を、自身の私有財産のように勘違いしてしまうらしい。思い描いているヒーロー像と少しでも異なれば、敵視して凄まじいまでの攻撃性をもって排除に乗り出して来るし、それが許されると勘違いしている。このたびの「ある組織」も、その類いであろう。

私なんぞは、「ほっといてくれ」というのが正直なところだが、悲しいかな、格好の標的のようで、さんざん足を引っ張られ、嫌な思いをさせられて来た。

ここに書いたことなど、実は氷山のごくごく一角である。

名乗りもせず、陰から手をまわし卑劣な行為を続けるのが「松陰精神」とは、笑止千万であろう。会ったことも無い過去の若者を偶像化して崇敬するより前に、生身の人間に対する最低限のマナーを学ぶべきである。

ある脳科学者と、そんな話をした時のこと。それは自己愛の変形なのよ、とバッサリ。要するに松陰は凄い、長州は凄い、山口県は凄い、そこに住んでるわしも凄いという四段論法なのだ。実は「郷土愛」とか「愛国心」とも関係が無く、「松陰」ですらなく、「自分」を自分で崇敬しているだけの話である。

まさに心の闇の問題で、なかなか鋭い指摘ではないか。現代日本の病巣を象徴する、現実逃避の心の中にジメジメと生き続ける１９０歳の松陰がいるとすれば、それもまた厄介な存在ではあるが、興味深い。松陰は今後も生き続けてゆくだろう。しかし、それが松陰が本当に望んだ道だったのかは、もう誰にも分からない。

最後にかたくお断りしておくが、本書に書いたことは何らかの政治的イデオロギーに基づくものでもなければ、どこかの政治権力に与するためのものでもない。ましてアンチ松陰でも、絶対にない。これは重々言っておきたい。

平成三十年師走

一坂　太郎

本書の要旨は平成三十年十二月、国際日本文化研究センター第53回国際研究集会「世界史のなかの明治／世界史にとっての明治」で報告した。

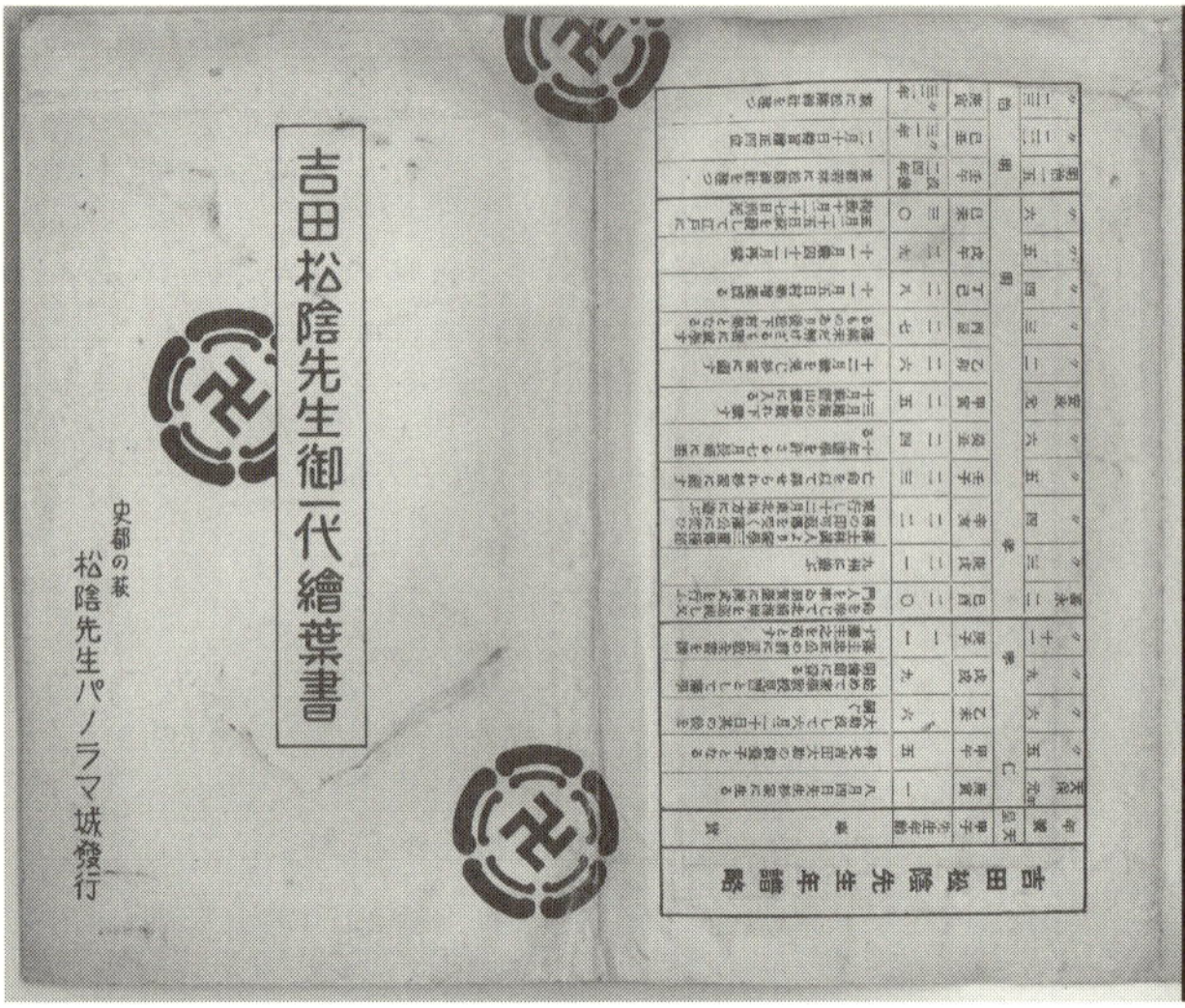

附録「松陰一代記」絵葉書

【附録解説】

吉田松陰の故郷において「萩史蹟産業大博覧会」が開催されたのは昭和十年（一九三五）四月五日より五月十五日までであった。主催は萩実業会で、趣意書によるとその目的は「萩の史跡紹介と、萩市経済の活性化を促す」というもの。萩市は最初、静観の態度をとったが、結局二千円の補助を出す。会場は土原グランド（萩グランド株式会社所有のグランド）で、案内図によると会場には日産コンツェルンの日産館をはじめ産業本館・史蹟観光館・朝鮮館・教育国防館・電気館・機械館・建築館・海女館・日光歴史館などのパビリオンが軒を並べた。また、博覧会に呼応して、萩市主催の防長勤王史料展が明倫小学校で開催された（『萩市史・二』平成元年）。

ここに付録資料として紹介するのは、イベントの一端として設置された「松陰パネラマ館」の絵葉書である。同館は十四の場面で、松陰の一代記を紹介するものだった。松下村塾から大臣などが輩出されたという場面を最後に置くところなど、戦前どんな価値観で「松陰」が観光資源になっていたかを知ることが出来、興味深い。なお、絵葉書は各場面を紹介した十四枚の他に松陰肖像と遺墨の図柄の一枚が付くが、これは直接関係無いので割愛する。

①松陰先生幼時勉学の場

②松陰先生兵書を君前に講ずる場

③松陰先生佐久間象山先生に師事するの場

④松陰先生建礼門前に作詩の場

⑤松陰先生金子重之輔（助）と米艦ポウハタンに投ずる場

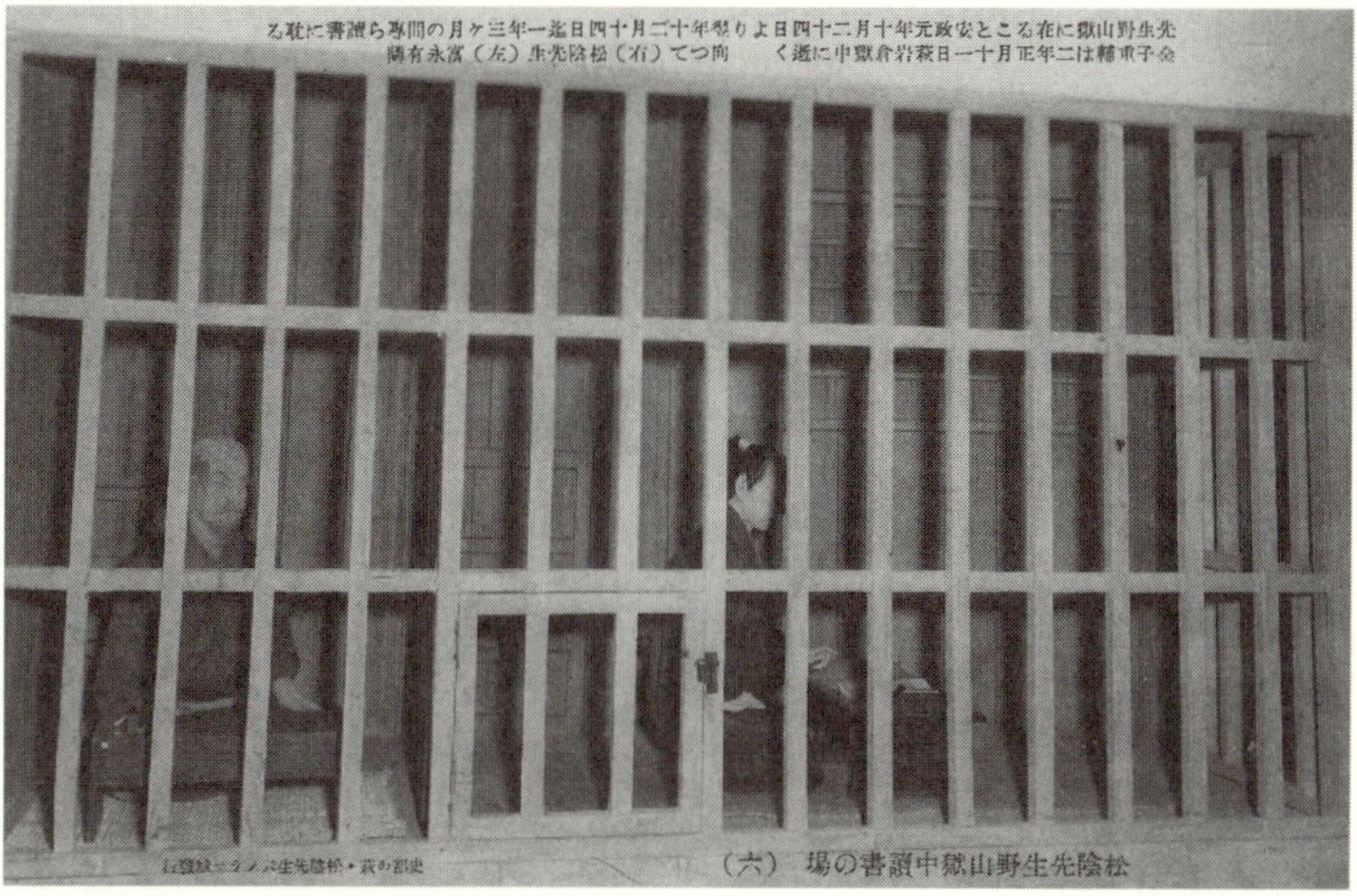

⑥松陰先生野山獄中読書の場

⑦松下村塾増築の場

⑧松陰先生村塾に於て講義の場

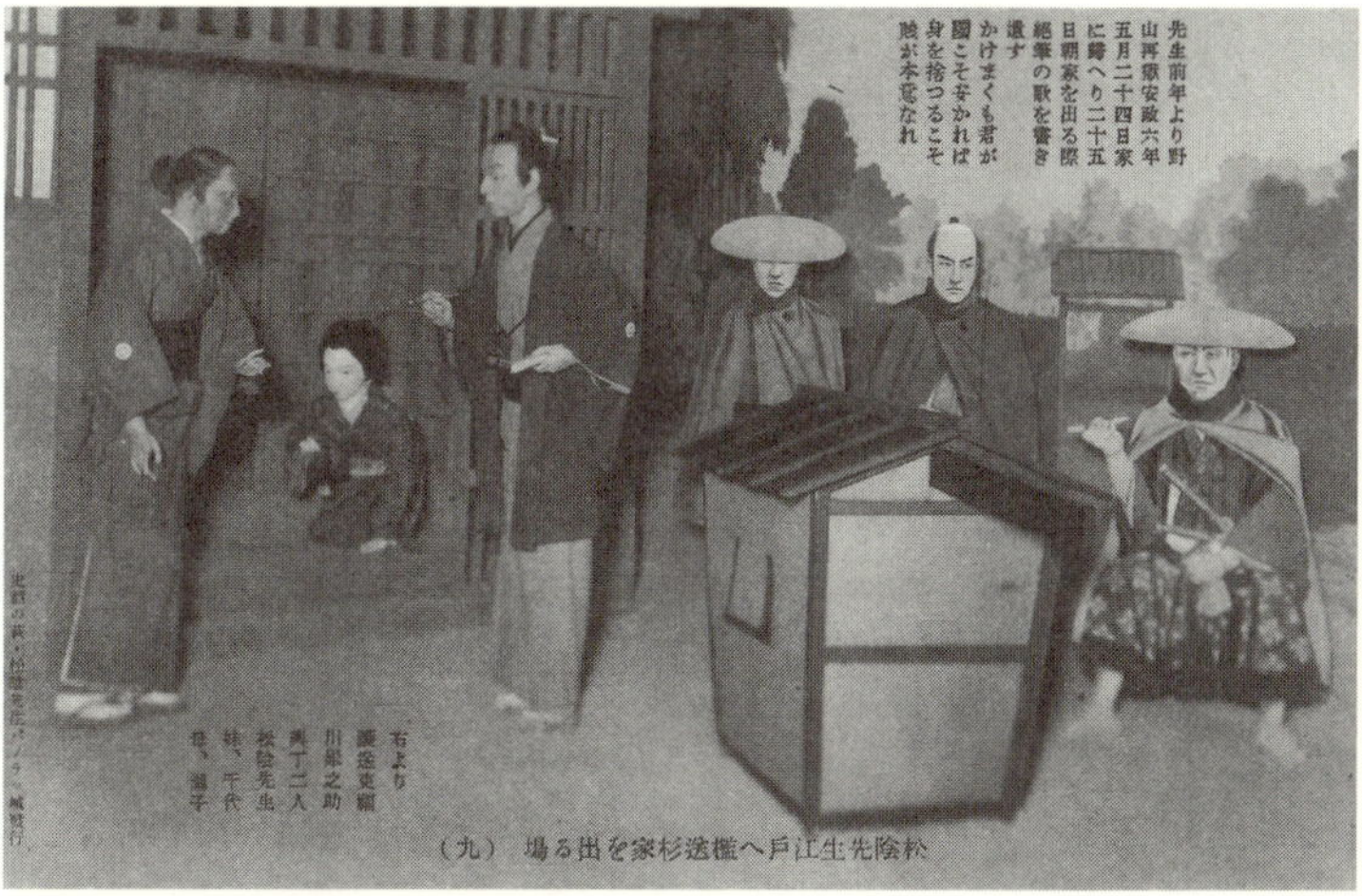

⑨松陰先生江戸へ檻送杉家を出る場

⑩松陰先生涙松詠歌並門人決別の場

⑪松陰先生死刑の宣告を受る場

⑫松陰先生遺骨改葬江戸三枚橋の場

⑬乃木大将と萩玉木邸門前の場

⑭松下村塾門人顕達盛装《けんたつせいそう》の場

■主要参考文献

『吉田松陰伝』　野口勝一・富岡政信　明治二十四年　野史台
『吉田松陰』　徳富蘇峰　明治二十六年　民友社
『吉田松陰』　玖村敏雄　昭和十一年　岩波書店
『吉田松陰全集』全十二冊（普及版）　山口県教育会編　昭和十三〜十五年　岩波書店
『吉田松陰　大陸・南進論』　福本義亮　昭和十七年　誠文堂新光社
『吉田松陰の思想と教育』　玖村敏雄　昭和十七年　岩波書店
『吉田松陰の研究』　広瀬豊　昭和十八年　至文堂
『吉田松陰』　奈良本辰也　昭和二十六年　岩波書店
『日本の名著51　吉田松陰』　松本三之介責任編集　昭和四十八年　中央公論社
『維新の先覚　吉田松陰』　山口県立山口博物館編　平成二年　山口県教育会
『吉田松陰』　田中彰　平成十三年　中央公論新社
『吉田松陰』　海原徹　平成十五年　ミネルヴァ書房
『吉田松陰の思想と行動』　桐原健真　平成二十一年　東北大学出版会

カバー◉吉田松陰肖像（著者蔵）

安政の大獄に連座して江戸に送られる松陰は門下生で絵師の松浦松洞に、八枚の肖像画を描かせた。その一つ、岡部富太郎に与えられたものを明治になり、旧三田藩主九鬼家が模写させた。

一坂太郎

いちさかたろう

昭和41年（1966）兵庫県芦屋市に生まれる。
大正大学文学部史学科卒業。現在、国際日本文化研究センター共同研究員、
萩博物館特別学芸員などを務める。
最近の主な著書に『久坂玄瑞』（ミネルヴァ書房）、
『語り継がれた西郷どん』（朝日新書）、『フカサクを観よ』（青志社）、
『明治維新とは何だったのか』（創元社）、
『昭和史跡散歩 東京篇』（イースト新書）などがある。
また『高杉晋作史料』『吉田年麻呂史料』『久坂玄瑞史料』
『久保松太郎日記』（いずれもマツノ書店）などの史料集を編纂。
『英雄たちの選択』などテレビ出演、講演も多い。

吉田松陰190歳

二〇一九年一月十八日　第一刷発行

著者――一坂太郎
編集人・発行人――阿蘇品 蔵
発行所――株式会社青志社
〒一〇七―〇〇五二　東京都港区赤坂六―二―十四　レオ赤坂ビル四階
（編集・営業）
TEL：〇三―五五七四―八五一一　FAX：〇三―五五七四―八五一二
http://www.seishisha.co.jp/
本文組版――株式会社キャップス
印刷　製本――株式会社新藤慶昌堂

ISBN 978-4-86590-076-7 C0095